健康中国之全民健身运动系列丛书

科学健身
——如何选择健身运动项目

KEXUE JIANSHEN

RUHE XUANZE JIANSHEN YUNDONG XIANGMU

主编 陆阿明 陆勤芳

苏州大学出版社
Soochow University Press

图书在版编目(CIP)数据

科学健身：如何选择健身运动项目 / 陆阿明，陆勤芳主编. —苏州：苏州大学出版社，2020.10
（健康中国之全民健身运动系列丛书）
ISBN 978-7-5672-3320-1

Ⅰ.①科… Ⅱ.①陆… ②陆… Ⅲ.①健身运动－基本知识 Ⅳ.①G883

中国版本图书馆 CIP 数据核字(2020)第 178819 号

书　　名：	科学健身——如何选择健身运动项目
主　　编：	陆阿明　陆勤芳
责任编辑：	施小占
助理编辑：	杨宇笛
装帧设计：	吴　钰
出版发行：	苏州大学出版社（Soochow University Press）
出 品 人：	盛惠良
社　　址：	苏州市十梓街1号　邮编：215006
印　　刷：	丹阳兴华印务有限公司
E-mail：	sdcbs@suda.edu.cn
邮购热线：	0512-67480030
销售热线：	0512-67481020
开　　本：	787 mm×960 mm　1/16　印张：10.25　字数：161 千
版　　次：	2020 年 10 月第 1 版
印　　次：	2020 年 10 月第 1 次印刷
书　　号：	ISBN 978-7-5672-3320-1
定　　价：	39.80 元

凡购本社图书发现印装错误，请与本社联系调换。服务热线：0512-67481020

健康中国之全民健身运动系列丛书

编委会

顾　问　王家宏　周志芳

编　委（排序不分先后）

　　　　陈　俊　季明芝　陆阿明
　　　　张达人　陈瑞琴　朱文庆
　　　　宋元平　马　胜　徐建荣
　　　　王正山　张宗豪　王　政

PREFACE 前言

1995年6月，国务院颁布《全民健身计划纲要》，以青少年和儿童为重点，倡导全民每天参加一次以上的体育健身活动，学会两种以上健身方法，每年进行一次体质测定。旨在全面增强国民体质，提高国民健康水平的"全民健身计划"经20多年的实践，已家喻户晓、深入人心，经常参加体育活动的人数逐步增加，人民体质逐步增强，全民健身运动的环境和条件有较大改善，有中国特色的全民健身体系基本形成。"全民健身是实现全民健康的重要途径和手段，是全体人民增强体魄，幸福生活的基础保障。"这已成为社会的广泛共识。与此同时，我国社会经济快速发展，生活方式急剧变化，社会老龄化进程加速，儿童、青少年视力下降，力量与耐力素质不增反降，各种慢性病人数不断攀升，这些问题引起了社会的广泛关注。在2016年8月召开的全国卫生与健康大会上，习近平总书记强调："没有全民健康，就没有全面小康。"并指出，要把人民健康放在优先发展的战略地位。同年10月，中共中央、国务院印发《"健康中国2030"规划纲要》，把"完善全民健身公共服务体系、广泛开展全民健身运动、加强体医融合和非医疗健康干预、促进重点人群体育活动，提高全民身体素质"作为健康中国建设的重要内容。党的十九大报告也将"实施健康中国战略"作为国家发展基本方略中的重要内容。将健康中国建设提升至国家战略地位是国家治理理念与国家发展目标的升华，有助于促使"关注健康""促进健康"成为国家、社会、个人及家庭的共同责任与行动。

由此可见，全民健身作为推进健康中国建设的关键领域，在推进全民体质健康，积极应对老龄化、控制慢性病发展态势等满足人民群众对美好生活的向往方面赋予了重要使命。然而，在全民健身的热潮中，人们对科学健身依然存在很多认知的不足与实践的错误。对运动与健康关系的探索表明：生命活动的基本规律是健身的理论基础，选择和运用运动项目与运动练习是健身的手段，使人的生理、心理和社会适应能力等方面达到健康标准是健身的目的。因此，安全、有效、持续和全面的健身方式是科学健身的基本要求。由于人体的生长发育和衰老过程伴随着形态结构、生理机能和社会心理变化，以及两性在运动能力与个性心理特征等方面存在差异，科学健身首先要解决的问题就是如何选择运动项目与运动练习的问题。本书紧紧围绕这一问题，首先对健身运动项目种类及其表现形式、健身运动项目选择的原则与影响因素进行了论述；其次从个人健身运动项目、集体健身运动项目两个方面对常见的健身运动项目的健身价值、适宜人群、场地与环境要求，以及健身时的主要注意事项进行了分析；再次通过对不同人群的健身运动目标、健身运动主要注意事项进行分析，对如何选择健身运动项目提出了建议；最后按照相同的思路在分析了各类慢性病患者健身运动的目标与主要注意事项的基础上，较为细致地提出了健身运动的项目选择建议。

　　健身运动项目的选择受多种因素影响，不同的健身运动有不同的健身价值，如何在众多的健身运动项目中挑选适合自己的项目，既能实现健身目标，又可避免运动造成的伤害，这是健身运动"享受乐趣、增强体质、健全人格、锤炼意志"的重要条件。本书就是为准备运动的、已在运动的、受运动伤害困扰的健身运动爱好者提供运动项目选择上的指导。本书倡导的健身运动项目的生活化、多样化，健身运动项目选择的个性化，仅仅是科学健身运动的开始，健身运动中运动习惯的养成与保持、运动过程中量的控制与调整、运动后健身效果的评价与反思都是科学健身运动的关键，然而，受本系列丛书主题和本书的篇幅所限，未能详尽。

　　本书由陆阿明、陆勤芳担任主编，在编写过程中引用了大量的国内外专家、学者的观点、论述，也得到了苏州大学出版社同人和南京本元健康科技有限公司唐城先生的支持，在此一并表示衷心的感谢。本书可作为社会体育指导员、健康管理师、运动处方师和广大健身运动爱好者的参考书。鉴于编者的学识有限，编写时间仓促，书中难免会有不足之处，恳请读者在阅读使用中提出宝贵意见。

第一章
怎样健身才科学 ······························ >> 1

第一节　健身是成就健康之路 ································· 1
第二节　科学健身的基本要求 ································· 10
第三节　健身计划的制订与修正 ······························· 19

第二章
科学选择健身运动项目 ···························· >> 26

第一节　健身运动项目的金字塔结构 ··························· 26
第二节　健身运动项目的种类 ································· 28
第三节　健身运动项目选择的影响因素与原则 ··················· 35

第三章
常见个人健身运动项目简介 ·························· >> 43

第一节　走跑类健身运动项目 ································· 43

科学健身
——如何选择健身运动项目

第二节	武术与气功健身运动项目	52
第三节	游泳与滑行健身运动项目	58
第四节	其他个人健身运动项目	65

第四章

常见集体健身运动项目简介 >> 74

第一节	球类健身项目	74
第二节	舞蹈与操类健身项目	89
第三节	极限运动健身项目	96

第五章

不同人群健身运动项目的选择 >> 100

第一节	年龄与健身运动项目选择	100
第二节	性别与健身运动项目选择	112
第三节	其他人群分类与健身运动项目选择	120

第六章

慢性病人群健身运动项目的选择 >> 123

第一节	慢性病患者健身运动原则	124
第二节	心脑血管疾病患者的健身运动	127
第三节	代谢性疾病患者的健身运动	135

第四节　慢性运动系统疾病患者的健身运动 …………………… 141
第五节　其他慢性病患者的健身运动 ……………………………… 147

主要参考书目 ……………………………………………………… 152

第一章
怎样健身才科学

　　健身是按照人体生命活动的规律，科学、合理地选择和运用各种方法、手段，进行有益于增强人体健康的实践的过程。因此，生命活动的基本规律是健身的理论基础，选择和进行运动练习是健身的手段，使人的生理、心理和社会适应能力等方面达到健康标准是健身的目的。社会物质文明在不断进步，生活条件在不断改善，而与之伴随的是世界范围内由于人们体力活动严重不足而引起的一系列公共卫生问题，如肥胖症、糖尿病、心脑血管疾病的发病率增加，导致疾病负担加重，从而造成与之相关的国民健康和寿命损失问题。因而，鼓励与支持民众健身已被世界各国作为预防和减少国民健康问题的重要手段。在我国，通过全民健身达到全民健康，从而实现全民小康已经成为国家战略，科学健身是实现这一战略目标的必由之路。

第一节 | 健身是成就健康之路

　　健身的目标是健康，世界卫生组织（WHO）提出"健康是指一个人在身体、心理和社会适应方面的完美状态，而不仅仅是免除机体疾病的状态"。关于健康对人类的意义，社会各界有很多论述，其中，最广为人知的观点是，"健康是第一财富，没有健康一切等于零"。健身运动不仅是个人机体活跃的体现，更是其成就健康之路。健身运动对于身体健康的意义主要表现在生理、心理和社会适应三个方面。

一、健身运动对于身体健康意义

人体是一个复杂的多系统整体,负责这个整体运作的指挥系统称为神经系统,人体大多数的行为执行系统称为运动系统,同时,人体需要进行与外界环境的物质和能量交换、内部能量供应和代谢物处理等,这些系统可合称为调节系统。只有这些系统结构和功能正常,人体这部复杂的"机器"才能正常运作,任何系统出现问题,都是疾病的开始。健身运动之所以能够使人体系统的结构和功能保持正常,使其表现出健康的特征,就在于它能促进人体内这些系统的协调运作,在保证生命活动正常进行的同时,不断地促进其完善。

(一) 健身运动与人体指挥系统功能完善

神经系统在人类生命活动中起着"指挥"的作用。神经系统包括大脑、小脑和脊髓等中枢神经系统和脑神经、脊神经等外周神经系统,所有的脑神经和脊神经的主干会长出越来越小的分支,直到巧妙地深入皮肤、运动系统和全身其他器官。如果你的神经系统运行正常,你可以感觉到身体内部和外部的变化,也可以通过大脑等中枢神经系统支配、调节身体的各种活动。因此,神经系统的感觉功能、整合功能、运动功能的完整性是人体生命活动实现的基础。神经系统受损将直接导致人体各种功能活动的异常,如脑卒中引起的偏瘫,即神经系统不能控制肌肉活动的表现。

研究表明,健身运动能在一定程度上改善神经系统的功能状况,保证神经系统的正常活动功能,并不断增强神经系统的"指挥"功能。科学合理地运动在儿童、青少年时期能够促进大脑的发育,提升智力水平;在成年期能使神经系统得到充分的活动,提高神经工作过程的强度、均衡性、灵活性和神经细胞工作的耐久度,使神经细胞获得更充足的能量物质和氧气的供应,从而使大脑及整个神经系统在紧张的工作过程中保持活力,有效缓解精神性的紧张状态;在中老年期则可延缓因各种原因导致的大脑功能衰退,防止因年龄增长造成的大脑功能异常。

（二）健身运动与人体运动系统功能完善

运动系统由骨、关节、骨骼肌以及包裹这些组织器官的筋膜组成，在神经系统的支配下完成人体的各种行为，例如，吃饭、穿衣等日常活动，走、跑、跳等基本运动，以及打球、体操、轮滑等复杂的运动。运动系统由于长期被使用而在个体成年后逐步退化，虽然不会引起致命性疾病，但是肌肉、关节、骨骼的损伤和疼痛，以及功能退化的最坏结果将导致个体生活不能自理，生活质量急剧下降。因此，保持运动系统的强壮及其结构与功能的完好，不仅是个体生命有活力的象征，也是机体执行指挥系统指令的重要保障。

研究表明，科学地进行健身运动，在儿童、青少年时期能够给予骨骼良性的负荷刺激，使骺软骨细胞增殖，使骨变粗、增长，促进骨的生长发育；在青壮年时期能够进一步提高人体的峰值骨量，使骨骼能承受更大的外力作用，提高骨的抗弯、抗断、耐压和抗扭转等机械性能；中老年人在阳光充足的户外进行健身运动不仅能延缓骨量的减少，还能吸收紫外线，有助于人体对钙的吸收，预防骨质疏松症。同样，科学地进行健身运动可以增强人体关节的灵活性和稳定性，经常进行健身运动能增强关节的牢固性，提高关节承受载荷的能力，使关节更加灵活，以适应大幅度运动的需要，防止关节因肌力的下降、软骨的退化、韧带的松弛而疼痛。健身运动中的拉伸等练习，可使关节囊、韧带、关节周围的肌肉等软组织在力的作用下被拉伸，增大关节的灵活性。

健身运动对骨骼肌的作用较大程度上取决于运动项目的类型与实施方式。抗阻力的力量运动（俯卧撑等）能够使肌肉体积增大，肌肉的力量和收缩速度增加；有氧的耐力运动（慢跑等）能够使肌肉中毛细血管数量增多，毛细血管的口径增大，而且还大量开放"备用"的毛细血管，以增大血流量，使肌肉血液供应良好，新陈代谢旺盛；拉伸性的柔韧运动则主要增强肌肉的弹性与伸展性，增加关节的运动幅度，防止肌肉拉伤。因此，不管什么样的健身运动，只要科学合理地实施，均能优化骨骼肌的结构与功能。

（三）健身运动与人体调节系统功能完善

人体生命活动的调节系统包括运输物质和能量的血液循环系统、交换气体的呼吸系统，以及相关联的消化系统、泌尿系统、内分泌系统等，这些系统在为神经系统和运动系统提供活动能量的同时，完成了人体与外界的物质和能量交换，具有抵御和排除对人体有害的病菌和代谢产物等功能。这些系统的结构和功能的缺陷，除了影响人体运动行为的执行外，还有可能导致致命性疾病，如心脑血管阻塞可引起心梗与脑梗。

研究表明，科学地进行健身运动能够使心脏体积增大，心室壁增厚，心肌收缩能力增强，安静时的心率降低（在医学上这种现象称为窦性心动徐缓）。安静时的心率降低，是心脏功能良好的表现，它可以降低心肌耗氧量，改善心肌血液供应，使心肌的功能储备提高，并对运动性心脏肥大的发展有积极意义。长期的健身运动能使血管壁增厚，弹性增加，管径增大，血液中高密度脂蛋白的浓度增加，低密度脂蛋白的浓度降低，这将大大延缓血管的硬化速度。由于血管弹性的增加，人体罹患高血压和血管阻塞的可能性将极大下降。科学地进行健身运动可使安静时的呼吸深度增加，呼吸频率下降，经常参加健身运动的人，肌肉活动时需氧量增大，呼吸运动增强。平时不参与工作的肺泡也扩张，肺的气体容量增加，肺活量增大，提高了呼吸系统的功能。此外，大量的研究证实，科学地进行健身运动也能促进消化系统、泌尿系统、内分泌系统，以及生殖系统结构与功能的完善，不仅能有效预防这些器官系统自身的疾病，也有助于维护人体整体的健康，尤其对内分泌系统与人体的免疫系统有极其重要的提升。

二、健身运动之心理健康意义

心理健康是指精神活动正常、心理素质好，也指一种持续且积极发展的心理状态，在这种状态下，个体能较好地适应环境变化，并且充分发挥其身心潜能。心理健康的理想状态是保持性格良好、智力正常、认知正确、情感适当、意志坚强、态度积极、行为恰当、适应性良好的状态。心理健康的人并非没有痛苦和烦恼，而是能适时地从痛苦和烦恼中解脱出来，积极地寻求改变不利现状的新途径。心理不健康大致可分为心理问题、心理障碍和精神疾病三种情况，如果不加以调整和治疗，将会导致严重的健康问题。因此，心理健康是现代人健康不可分割的重要方面。科学地进行健身运动一方面能刺激人体神经内分泌的活动，对调节紧张情绪，缓解压力具有积极作用；另一方面能促进人与自然、社会的融合，对排解心理问题、心理障碍也有十分重要的意义。

（一）健身运动与幸福、快乐、愉悦

无论是幸福，还是快乐和愉悦，其本质都是指一种令人感觉良好的，令神经活跃的正面情绪。情绪的调控能力增强是心理成熟的表现，也是避免产生心理问题、心理障碍的重要保障，情绪状态的调控能力是衡量健身运动对心理健康影响的最主要的指标。

人体在复杂多变的社会环境中，常常会产生紧张、压抑、忧虑等不良情绪反应，健身运动可以使个体从烦恼和痛苦中摆脱出来，降低应激水平，使个体处理应激情境的能力增强。研究表明，经常参加健身运动者的焦虑、抑郁、紧张和心理紊乱等消极的心理变量水平明显低于不参加健身运动者，而其愉快等积极的心理变量水平则明显要高一些。人在快乐的时候，大脑中会分泌一种叫作内啡肽的物质。换言之，人的幸福感，在很大程度上是脑中内啡肽浓度的外在表现。研究证实，科学地进行健身运动可以刺激内啡肽的分泌，使内啡肽的分泌量增多，在内啡肽的作用下，人的身心处于轻松愉悦的状态中。内啡肽因此也被称为"快乐激素"或者"年轻激素"，它能让人感到欢愉和满足，甚至可以帮助人排遣压力和不快。

（二）健身运动与压力管理

压力是影响健康的主要原因之一，机体对压力的反应表现为精神和自我感觉的异常，如紧张、恐惧、焦虑、疲乏和抑郁等，使个体在学习、生活中缺少信心，自我评价低，夸大自己的缺点，内疚，常回忆不愉快的往事，遇事往坏处想，对个人的前途悲观失望，自我封闭，严重者甚至产生自杀意念。生理性反应表现为机体的血流量、血糖、氧含量明显变化。长期处于过高的压力下，各种强烈刺激作用于机体，会引起一系列非特异性反应。由神经内分泌系统的调节引起的各种机能、代谢的变化，包括免疫系统功能的变化，会造成人体的疲劳和机能的衰退，进而引发许多疾病。很多研究表明，心脏病、高血压、肠胃不适、头痛、皮疹、性功能障碍等疾病与压力过高有着密切的联系。

压力管理是对感受到的挑战或威胁的环境的适应性反应。工作方面的压力源来自个人和组织两方面，个人方面的压力源有物理环境、个人承担的角色及角色冲突、人际关系等因素。组织层面的压力源来自组织管理政策、组织结构、组织程序以及工作条件等。压力管理策略有锻炼、放松、行为自我控制、认知治疗以及建立社会和工作网络等。其中健身运动是一种较为理想的缓解压力与管理压力的方式。一方面健身运动能改善人的生物状况和机能，奠定人适应社会的生物学基础，纠正生理机能在适应环境的过程中形成或产生的负面效应；另一方面健身运动产生的幸福、快乐、愉悦等情绪反应，可以直接或间接地消除压力。

（三）健身运动与意志品质形成

意志品质指一个人的自觉性、果断性、坚韧性和自制力，以及勇敢顽强和独立主动的精神，需要在克服困难的实践过程中培养。进行健身运动本身就要不断克服客观困难（气候条件的变化、动作的难度或外部障碍等）和主观困难（胆怯和畏惧心理、疲劳和运动损伤等），还要在运动过程中不断体验挫折、失败等感觉，才能获得各种成功的体验。健身运动的参与者努力克服主、客观方面的困难，体验挫折、失败感的过程，正是培养自身良好的意志品质的过程。因此，健身运动对于儿童、青少年和一些具有胆怯、懦弱心理表现的个体形成良好的意志品质具有十分重要的意义。

（四）健身运动与心理障碍消除

社会竞争的日益激烈和生活压力的加大可能会使许多人产生悲观、失望的情绪，进而导致忧郁、孤独、焦虑等各种心理障碍。研究发现具有心理障碍的个体参加某个健身运动项目并坚持锻炼，其身体素质和各项生理机能将会得到改善，个体也会相应掌握并发展一些运动的技能和技巧。个体会以自我反馈的方式传递其成就信息至大脑，从而获得对自我成就的认知和情感体验，产生愉悦感、振奋感和幸福感。因此，健身运动能使有心理障碍的个体获得心理满足，产生成就感，从而使其增强自信心，摆脱压抑、悲观等消极情绪，逐步消除心理障碍。许多国家已将健身运动作为心理障碍治疗的手段之一。

三、健身运动对于增强社会适应能力的意义

社会适应是指个体逐渐地接受现有社会的道德规范与行为准则，对于环境中的社会刺激能够在规范允许的范围内做出反应的过程。社会适应能力包括以下一些方面：个人生活自理能力、基本劳动能力、选择并从事某种职业的能力、社会交往能力、用道德规范约束自己的能力。

（一）健身运动使自我概念更为清晰

坚持健身运动可使个体体格强壮、精力充沛，因而，健身运动对于改善人的身体状况和心理状态至关重要。研究表明：经常运动者比不运动者具有更积极的总体自我概念；体能强的人比体能弱的人倾向于具有更高水平的自我概念和更高的身体概念；肌肉力量与心理状态、情绪稳定性、外向性格和自信心呈正相关，而且加强力量训练会使个体的自我概念显著增强。这些证据均表明，健身运动可使个体的自我概念更为清晰。而自我概念的清晰可以更好地引导个体的行为，赋予经验以积极的意义，决定个体恰当的期望，这些都是个体社会适应良好的表现。

（二）健身运动有助于形成和谐的人际关系

人际关系是影响人的社会适应能力的主要因素，和谐的人际关系是个体生存的必要手段，是个人发展的重要路径，是获得知识、能力、经验的主要途径，也是促进自我意识发展和个体事业成功的重要保证。由于健身运动总是在一定的社会环境中进行，它总是与人群发生着联系，在健身运动中人际关系具有平等性、主体选择性和目标一致性的特点。人们在其中能够较好地克服孤独感，忘却烦恼与痛苦，协调人际关系，扩大社会交往，提高社会适应能力。从健身运动中，人们可以得到属于群体的崇高感、伦理感，服从于规则的道德感，相互关怀和沟通的信任感，对新鲜事物追求的求知感和美感，有助于富有强烈竞争、协作意识的独立人格的形成。这些都对发展、健全和调节现代人的心理起着至关重要的作用。现代社会生活节奏的加快使人们越来越趋向自我封闭的状态，健身运动则打破了这种封闭，不同职业、年龄、性别、文化素质的人相聚在运动场上，进行平

等、友好、和谐的交往，相互产生信任感，有效进行情感和信息的交流，产生默契。和谐的人际关系有助于个体与他人合作，结识更多的朋友，取得社会认可，从而更好地适应社会。

四、健身运动促进预防疾病和康复的作用

健身运动在身心方面的积极作用是使得经常运动的人少患病、晚患病，生病以后也能快速康复。世界卫生组织估计，经常参加体育锻炼的人患糖尿病、心血管疾病和恶性肿瘤的概率比一般人小20%～30%，而不爱运动的人的寿命或将减少大约3年。同时，大量的事实证明，体育锻炼是很多疾病治疗手段的重要组成部分。

（一）运动有助于预防多种疾病

心脏病和脑卒中是威胁人类生命的最大杀手。心脑血管疾病的发生多数始于血管狭窄，这会使心脏和大脑的供血能力下降，血液供应的障碍会进一步造成心脏和大脑组织的损伤。这些病变的急性发作常常表现为心梗和脑梗。经常参加健身运动，可以使血管随年龄增加而渐进性变狭窄的过程减慢，增强人体应对心脏和大脑急性缺血的能力，因而可预防常见的心脑血管疾病。运动系统的骨质疏松、关节退行性变以及肌肉组织的萎缩是随个体年龄增加而越来越常见的疾病。这些变化在使人体运动功能降低的同时，也会影响生活自理能力，甚至导致骨折、身体活动障碍等。健身运动能强骨、增加关节的灵活性和稳定性、增强肌肉力量和体积，因而可以有效预防运动系统的疾病发生。过量摄入与运动不足导致了人体代谢系统的紊乱，进而引发糖尿病、肥胖症、血脂异常、痛风症等代谢系统的疾病。健身运动不仅能消耗摄入的多余物质和能量，也能对形成良好的生活方式起到积极的作用，因而能有效预防代谢系统疾病的发生。恶性肿瘤是人类生命的一大威胁，目前的医学手段具有局限性，因而对诱发恶性肿瘤的危险因素进行干预是重要的预防途径。健身运动作为健康生活的一个重要方面，虽不能完全预防各类肿瘤，但可以降低肿瘤发病风险，同时，促进身体的全面健康。另外，健身运动可以调节情绪、缓解心理压力，通过产生积极的身体疲劳，释放各种负

面情绪,分散心理压力和精神疲劳,以良好的心理体验增强免疫系统的功能,从而预防抑郁症等心理疾病。

(二) 健身运动可作为一些疾病的辅助治疗手段

我国经济的高速发展、生态环境的变化以及社会自动化、信息化发展带来了人们生活方式的变化,慢性病高发已成为难以回避的公共健康问题。据估算,目前我国确诊的慢性病患者已超过3亿,慢性病死亡人数占中国居民总死亡人数的比例已经上升至85%,是发达国家的4~5倍。

现有的研究表明,健身运动可作为一些慢性病和精神性疾病的主要辅助治疗手段。在糖尿病的治疗实践中,已经证明在血糖异常阶段,以运动结合饮食控制的治疗效果抵得上药物治疗的效果,可以延缓甚至阻止病情发展到糖尿病阶段。而在糖尿病阶段,运动可以降低血糖,结合饮食控制,可以减少用药量。运动可以使胰岛素更好地发挥调节血糖的作用,保护心脏、血管的健康。因此,健身运动对于糖尿病人具有重要意义,这是药物所不能替代的。在高血压的防治实践中,运动兼具治疗和预防的双重效果。一方面,运动本身对高血压有即时的治疗作用;另一方面,长期运动可以增强血管的弹性和心脏的工作能力,有效预防高血压引起的脑卒中、心脏病等并发症。在冠心病的治疗实践中,适度的运动可以提高心脏的应变能力,保证心脏的血液供应,减少发生心绞痛和心肌梗死的概率。临床实践表明,适量的运动可作为抑郁症、肿瘤、心脏病、脑卒中、骨质疏松症、肌肉萎缩等多种疾病的主要辅助治疗手段。最近的一份国际权威研究表明,运动可以降低26种癌症的发病风险,其中13种癌症的发病风险可以被大大降低,包含在中国致死率最高的肺癌。

绝大多数个体从完全健康到绝对死亡的过程,是从无疾病到疾病发生、发展的过程,疾病的发生、发展是一个从低危险状态、危险状态、早期改变、临床症状到疾病状态的过程,在没有出现疾病症状之前,健身运动是最为有效的预防措施,而当疾病症状出现后,健身运动仍然是有效的控制疾病、提高生活质量的手段。因此,健身运动是对未来健康的投资(图1-1),这种投资不能等到失去健康的时候才去做,而应该在疾病处于低危险状态的情况下就开始。

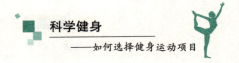

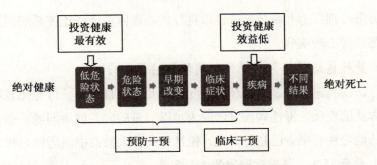

图 1-1　运动是对未来健康的投资

总之，健身是人们科学、合理地选择和运用运动锻炼的方法，以保持身心健康的实践活动过程。健身运动通过对身体、心理健康水平和社会适应能力的提升，以及预防疾病和治疗疾病来使个体的身心达到完美的状态（图 1-2）。

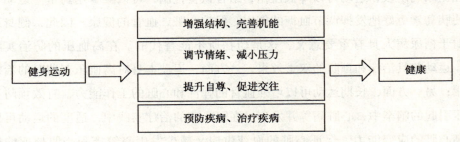

图 1-2　健身运动成就健康的路径

第二节｜科学健身的基本要求

在1994年，世界卫生组织就指出，静坐少动是当今慢性病发生的第一独立危险因素。一般意义上讲，与人类健康相关的遗传基因是无法修正的因素（科技发展虽然指出了修正遗传基因的可能性，但将基因修正技术应用于人类也许还很遥远），而静坐少动这样的不良生活方式对健康的影响，简单到只要动起来就可以加以修正。"运动是良医"或者"运动是良药"的理念是在大量的科学实践的基础上提出的，这种理念很快被大多数医生所接受，运动已被公认为当今社会维持健康水平最好的"医和药"。那么什么样的运动才能达到维持人体健康的目标呢？运动科学领域的学者们总结了四个方面的基本要求（图1-3），能满足这四个要求的健身运动行为才可以称为科学运动。

一、健身运动必须是安全的

运动的安全性是科学健身运动的第一要求，运动的不安全因素主要来自内外两个方面，内在的因素主要包括：年龄与性别、运动技能与能力、健康状况等，外在的因素主要包括场地、器材和环境等。

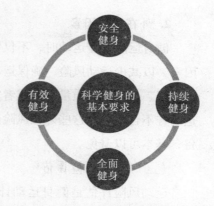

图1-3 科学健身的基本要求

健身运动前做好运动风险评估，运动中注意运动量的监控，运动后正确促进恢复，就可以有效防止运动的意外事故和运动损伤的发生。

（一）运动伤害风险因素

1. 内在风险因素

首先，健身运动中有些运动项目对身体素质等有特殊要求，而进行运动的人员没有足够的基础，以及其自身某些部位在运动中表现出的解剖生理弱点往往是造成运动伤害的因素。其次，运动技能不足，在运动中的技术动作不合理、不正确，违反生物力学规律，从而导致运动损伤发生，此时多为急性损伤。再者，人体的某些局部由于运动负荷长期过重，超出该组织所能承受的最大程度，而逐渐发生退行性病理改变，导致慢性损伤。

在健身运动过程中，很多的运动伤害与这些内在因素存在关联。例如，有些老年人不服老，与年轻人同场竞技，往往会因运动过度而导致损伤；业余爱好者在网球、羽毛球运动中因动作不正确导致肩肘损伤；广场舞大妈或暴走一族因运动过量引起膝关节损伤。这些损伤，有的经过休息调整还能恢复，有的可能会变成永久性损伤。不仅会使健身运动中断或中止，还会造成身心的痛苦。

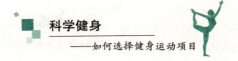

2. 外在风险因素

健身运动者在运动时，不仅要关注内在风险因素，而且要高度重视外在风险因素，以减少运动风险，确保运动安全。外在风险因素主要包括场地不平坦、光线不好、运动器械质量不高或者安装不牢固、环境温度过高或过低、运动服装和运动鞋不合适等。这些外在风险因素只要在健身运动前予以重视，做好充分的准备，基本可以避免。

（二）运动风险评估

运动风险评估是健身运动计划的重要组成部分，是运动安全性的主要关注点。如果健身运动者具有良好的运动习惯且准备进行的运动是中小强度的运动，一般不需要进行这项筛查。健身运动前需要接受医学评估的人群是以前无运动习惯的 40 岁以上男性和 50 岁以上女性；心血管疾病高发人群；准备进行不习惯的、剧烈的健身运动的人员。健身运动者可以进行自我筛查，以判断自己是否需要接受正规的医学评估。

另外，也可以通过回答以下问题，判断自己是否需要进行医学评估。

（1）医生是否曾叮嘱，您患有心脏病，只能参加医生推荐的运动？

（2）当您进行运动时，是否感到胸痛？

（3）过去 1 个月内，您是否在没有进行运动时也感到胸痛？

（4）您是否因感到眩晕而失去平衡，或曾失去知觉？

（5）您的骨骼或关节（背、腰、膝等）是否疼痛，且会因运动变得更加疼痛？

（6）近来，医生是否因为您的血压或心脏问题建议您服药？

（7）您是否知道一些使您不能进行运动的其他原因？

以上 7 个问题，如有 1 个或多个问题的回答是"是"，这种情况下最好去医院，或请专业人士进行医学评估，以判断自己是否适合运动。

（三）安全健身的要求

第一，对于患者，在制订或实施健身计划前，一定要进行体检，得到医生的许可。如果有某种疾病或家族遗传病史，要找医生咨询，在有医务监督的情况下按照医生的建议进行健身运动。

第二，在有条件的情况下，请运动医学领域的专家根据运动者的体质健康状况开具运动处方，以指导运动者有目的、有计划地进行安全、科学的健身运动。

第三，每次健身前必须做好充分的准备活动，克服内脏器官的生理惰性，防止出现运动损伤。健身运动完之后，要注意做好整理、放松活动，促进身体的恢复，防止因疲劳的积累而导致疲劳性损伤。

第四，饭后、饥饿或疲劳时应暂缓健身，疾病初愈不宜进行较大强度的健身运动。在健身过程中不宜大量饮水，以免加重心脏的负担或引起肠胃的不适。运动后不宜立即洗冷水澡。

第五，健身运动者要注意运动场地、设备的安全，对新接触的运动器材，要先了解其性能，弄懂其使用方法。健身运动开始前要先了解运动场地的温度、湿度等信息。

（四）如何正确认识运动中的伤病与风险

运动对人体而言是一种刺激，如同其他的刺激一样，会使人体的器官系统产生一系列反应，久而久之，适应这种刺激，是人体适应内外环境变化的自然的机制。人体对运动的适应往往伴随着结构的完善，功能的提升，身体素质、运动技能与能力的增强，这也是运动促进身体健康的基础。按照生物体适应的规律，如果刺激的强度和量很小，反应就小，产生的适应有限，不能达到增强体质的目标；反之，如果刺激强度和量过大，反应剧烈，也会产生不良的结果，最明显的表现就是增加了运动的伤病风险，这种情况在竞技运动中较常见。对于健身运动参与者而言，只有选择两个极端中间的运动刺激强度与量，才有可能较好地实现促进健康的目标。

由于运动的强度和量难以精确测量，而相同的运动强度和量对于不同的人，甚至对于不同状态下的同一个人会产生不同影响，因而健身运动参与者的运动伤病风险是始终存在的，但是因为运动存在伤病风险，就害怕运动、远离运动，则是一种不正确的态度（不少人对运动持这种态度）。对于运动伤病风险的正确认识，我们应该把握以下几点。

(1) 运动确有猝死的风险，但这种风险仅存在于极少数本身患有较为严重的心血管疾病的运动者，运动风险的评估基本可以避免这样的风险。

(2) 遵循运动项目的规律，科学合理地进行健身运动，基本可以避免运动损伤的发生，不进行运动或只进行强度很小的运动并不是正确的做法。

(3) 运动损伤产生后，要及时弄清原因，暂停运动，并做好必要的治疗。不是严重的运动损伤不会造成后期运动的障碍。

(4) 随着健身运动产生的身体机能、运动技能与能力的提升，运动损伤发生的概率会进一步减小。

二、健身运动必须是有效的

（一）适当的运动强度是关键

影响健身运动效果的因素较多，但这些因素中运动强度是最为重要的。在健身运动中运动强度主要表现在三个方面，分别是物理强度、生理强度和心理强度。

第一，物理强度，是指单位时间所做的功，或消耗的能量，一般以速度、重量、难度来衡量。比如以每小时4千米的速度步行，物理强度要比以每小时6千米的速度跑步小很多；举5千克的哑铃，物理强度要比举6千克的哑铃小一些；太极拳运动中低功架练习的强度要比高功架练习的强度大。

第二，生理强度，是指人体在进行不同物理强度的运动时，体内各个系统反应的大小。一般关注的反应主要有心率、呼吸等。生理强度的大小与个体机能状态的差异密切相关。例如，同样以每小时4千米的速度行走（物理强度），体质弱的人心率可能会增加到每分钟100次以上、呼吸明显加快，而体质强的人心率可能仅增加几次，呼吸速度几乎不变。生理强度在同一个体处于不同机能状态时也会有较大差异。如状态好的时候，提5千克米很轻松，而生病或疲劳时就觉得很累。

第三，心理强度，是指个体自我感觉的运动强度。一般以很累、有点累、较轻松、轻松等表示。

世界卫生组织对不同年龄人群健身运动强度的建议是：5~17岁儿童和青少年每天至少进行60分钟以上的中等或较大强度的运动；18岁以上成年人和老年人每周至少进行150分钟以上中等强度的运动或每周至少进行75分钟较大强度的运动。

显然，中等强度被广泛推荐为健身运动的适合强度，这是由于中等强度的运动刺激能更好地调动人体的各项机能，使其产生良好的适应，对人体的健康影响最大。强度太小的运动不能达到有效增强人体机能的作用，而强度过大的运动则有可能造成运动伤害。

那么如何确定我们所进行的运动强度为中等强度呢？由于存在个体差异和机能状态的变化，在健身运动中以生理强度和心理强度来确定适合的运动强度为佳。所谓适合的运动强度是指运动时的强度要达到中等以上，即运动时的心率在每分钟110~120次，或者有点气喘（但能连续说话），或者感觉到稍累。年轻人强度可大些，老年人强度可小些。当然，在刚开始健身运动时，或者机能状态不佳时，强度可以小一些，反之则可大一些。

由于物理强度相对直观，因此在健身运动计划中一般用物理强度表示运动强度，例如，以每小时6千米的速度跑步、举5千克的哑铃等，这些强度称为预设物理强度，然后观察或测量生理强度和心理强度，如果小了则增加物理强度，如果过大则减小物理强度（图1-4）。第一步是根据健身者的运动能力评估情况和运动习惯等，预设一个物理强度；第二步让健身者实施健身运动并监测运动中的生理、心理强度；第三步根据健身运动的目标调整物理强度。

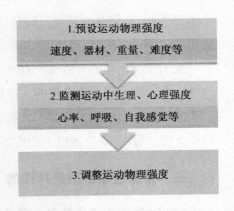

图1-4　健身者适合的运动强度的确定方法

小强度的运动，如散步等，虽然没有被世界卫生组织所推荐，但是对于刚刚开始健身运动的人群来说，是比较好的选择；另外生病、机体功能状态不佳或疲

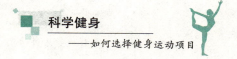

劳时，也宜做一些小强度的运动。

(二) 恰当的时间和频率

运动强度与运动的时间和频率共同决定了总的运动量。在健身运动中运动时间一般用分钟或小时表示，运动频率一般用一周运动的次数表示。儿童、青少年每天的运动时间应该不少于 60 分钟，频率是每周 7 次；18 岁以上成年人的运动时间应该不少于每天半小时，频率每周 5 次。同时，儿童、青少年每周至少应进行 3 次较大强度的运动，包括强壮肌肉和骨骼的活动；成年人和老年人每周至少应进行 2 次大肌群参与的强壮肌肉的活动；老年人每周至少应进行 3 次提高平衡能力和预防跌倒的活动。这些健身运动时间和频率的推荐对于一般健身者而言是恰当的。

(三) 合理的运动项目

运动项目的分类方法很多，比如按照健身运动对人体机能产生的主要影响作用，可以将运动分为增强心肺耐力的运动、增强力量的运动、增强平衡能力的运动等；按照运动组织的形式可以将运动分为单人运动、多人运动和集体运动（详见第二章）。在健身运动时，选择自己喜欢的、合适的运动项目，一方面能更好、更快地达到自己的健身目标，另一方面由于兴趣使然也能更长久地坚持。

关于健身运动的有效性，在运动科学界有这样一个说法，那就是："如果有这样一个秘诀，让你远离疾病，使你更长寿，且没有任何副作用，你肯定愿意花很多钱得到这个秘诀。事实上，真有这样的秘诀且不需要花很多钱，那就是坚持每周 3 次、每次 30 分钟以上的中等强度的健身运动。"

三、健身运动必须是持续的

(一) 健身运动效果保持需要持续健身

有过健身运动经历的一些人，会有这样的体会：持续运动一段时间后，很多健身运动的效果就慢慢出来了，例如，肚子瘦下去了、力量变大了、整个人都精神了，但是因为各种各样的原因（生病、假期、工作忙），健身运动中止一段时间后，就会发现这些效果慢慢消失，这是人体生理功能"用进废退"的表现。

因此，要通过健身保持身体的完美状态，一方面要安全、有效地健身，另一方面要持之以恒地健身。

（二）健身运动习惯形成的阶段性

健身运动习惯一般而言，是在对健身运动有正确认识、掌握一定方法的基础上慢慢形成的，这种习惯的形成往往取决于目标和结果的一致性。这种改变可以分为五个阶段。

（1）未考虑阶段：根本没想过要进行健身运动，更别说有健身习惯和计划了。

（2）考虑阶段：开始考虑要好好进行健身运动，但是还未付诸行动。

（3）准备阶段：制订了周密的计划，时常较为亢奋，有健身运动积极性，但还没开始有规律地执行。

（4）行动阶段：已经开始有规律地健身了，只是不满6个月。

（5）稳定阶段：已经坚持有规律地进行健身运动6个月以上，也有信心未来能坚持锻炼下去。

因此，健身运动需要持续进行，才能养成运动习惯，也只有养成了运动习惯，才不会轻易中断健身运动。

（三）如何应对健身运动的中断

健身运动习惯形成后，中断的原因主要有受伤、生病、工作和家庭事务的干扰及天气的影响等。那么在这些情况下，如何有效克服运动习惯的中断呢？

（1）在受伤的情况下，可以根据受伤的部位等改变运动形式，不仅可保持健身运动的习惯，同时也有助于康复。例如，因为受伤引起了局部的腰痛或手臂疼痛无法完成打球等运动，那么可以考虑尝试散步、轻负荷的力量运动或者游泳等。只要运动不增加受伤和疼痛的程度，则可保持运动的习惯等待康复。

（2）在生病的情况下，一般而言发烧或者一些急性疾病，都是运动的禁忌证，这时需要停止运动，待病情减轻后才可以重新开始健身运动，而且在重新开始运动的时候，应修改健身运动计划，适当减小运动强度，减少运动时间。

（3）在家庭事务干扰下，可尽量为自己保留一些健身运动的时间，同时寻求家庭成员的支持，最好能邀请家庭成员一起参加健身运动。

（4）在工作干扰的情况下，可通过在工作前完成健身、尝试在日常工作中安排简单且不定期的健身时间、在工作过程中创造健身机会等，保持健身习惯。

（5）在必须出差的情况下，可通过在酒店的健身中心进行运动、在转换交通工具时增加行走时间等方式完成健身。

（6）在天气干扰的情况下（如下雨天），可在办公大楼、办公室内和家中完成各种单项的力量、拉伸运动练习等。

四、健身运动必须是全面的

（一）健身项目的多样性

每一种健身运动项目对人体的影响均具有一定的局限性，因此，要达到全面促进人体健康的目的，在健身项目的选择上要做到多样性。例如，个人项目容易进行，但缺乏人际交往，而集体项目正好可以弥补这一不足；耐力性项目对提高心肺功能效果显著，但在提升力量和伸展性方面的作用则较弱，需要结合多种项目，才能达到好的效果。

（二）健身效果的全面性

人体是在大脑皮层调节下的有机统一体，人体各部位、各器官系统的机能，各种身体素质和基本活动能力之间是相互联系、相互制约的。身体素质是人体在运动过程中所表现出来的力量、速度、耐力、柔韧性和灵敏度等方面能力的综合体现，它们是通过肌肉活动表现出来的，同时反映着内脏器官的机能，反映肌肉工作的供能情况，以及运动器官与内脏器官活动配合的协调状况。因此，健身运动应该全面考虑人体执行系统、运动系统和调节系统功能的提升，才能使人体整体协调发展。除此之外，要达到健身效果的全面性还要考虑健身的心理效应和社会适应功能。

（三）健身部位的全面性

人体的结构和功能非常复杂，单单从运动系统角度看，其结构组成主要包括肌肉、骨骼和关节，从部位来看有头颈部、上肢、躯干、下肢。健身部位的全面性就是指健身运动不能光练某一个部位，需要考虑到全身各个部位的锻炼。特别需要注意的是，人体的肢体是对称的，如果忽视一些部位的锻炼，很容易造成人体左右不对称，从而产生一些不良结果。例如，经常用右腿踢球会造成右腿强、左腿弱的现象，容易导致下肢关节的疼痛；光练腹肌致使腹部力量大、背部力量弱，造成骨盆位置变化，引起腰部的各种疼痛。

第三节｜健身计划的制订与修正

一、健身计划制订的原则

（一）个性化原则

健身计划要突出个性化。每个人的身体机能状况和健康水平等都存在着一些差异，所能承受的运动强度和运动量不完全相同。每个人对健身项目的兴趣爱好、运动经历也不一样，因此应根据不同个体的健康状况、体质水平、运动基础、运动能力、职业特点、家庭情况、生活环境、兴趣爱好等制订健身运动方案。运动的方式也要个性化，以便使人产生运动兴趣，长期坚持。

（二）专门性原则

健身运动项目的种类很多，同一项目的锻炼形式、手段和方法也各异。不同项目与健身方法对人体产生的影响是不同的。因而要根据个体的相关基础、运动能力，根据健身的目的有针对性地选择健身项目和健身方法来制订健身运动计划。

（三）适时调整原则

人体的生理功能及承受运动负荷的能力会因时间、环境、天气、身体状况等的变化而发生改变。因此，在运动计划制订后的实施过程中，应加强自我监测，及时了解身体的反应，对初订的运动计划进行微调。随着身体机能或体能的增强，原来设定的运动负荷就会相对变小，这时要想继续强化健身效果，就必须及时加大运动强度或延长运动时间。

（四）循序渐进原则

要以健身运动达到促进健康的目标，运动强度是关键因素。由于人体的各器官系统的机能变化是一个由反应到适应、量变到质变的过程，因而在制订健身运动计划时，不可寄望健康目标一蹴而就，而应该根据人体的机能变化规律逐步增加运动的强度与时间等，特别是运动强度的增加应该是渐进式的。一般一个制订合理的计划，需要经过3～4周的时间才能完善。

二、健身计划制订与实施

（一）健身运动计划的制订

健身运动计划是在测定准备健身者（或已在健身者）的健康状况、体能水平、运动能力的基础上，根据健身者的健身目标、主客观条件等，对健身运动过程的设计。通过健身运动计划，健身运动目标可以具体化，便于健身运动过程的实施、操作和监控。健身运动计划制订的流程大致包括以下几步：运动风险评估与相关测试、运动目标确定与细化、运动项目选择与运动强度、时间、频率等的确定及运动的注意事项等（图1-5）。

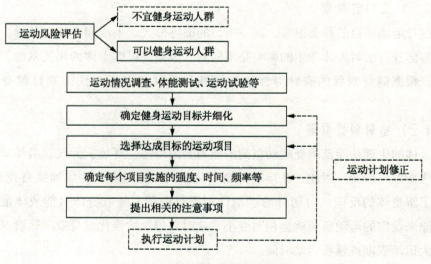

图1-5　健身运动计划的制订

（二）健身运动计划的实施

健身运动计划的实施是指按照计划的要求完成的一次健身运动，一般包括三个阶段：准备阶段、运动项目实施阶段、整理阶段（图1-6）。

三、健身计划的修正依据与内容

健身计划的修正依据是自身对健身运动的反应、适应情况，可通过健身运动效果的评价来确定是否调整健身计划的内容，修正的内容包括健身计划的各个方面。

（一）运动效果的评价

经过一段时间的健身运动，可以选择一些便于观察和测量的主客观指标对运动效果进行评定，评价的内容主要包括生理、心理、生活方面的指标。常见的评价指标有以下几点。

1. 身体成分评定

（1）身体质量指数，简称体质指数（Body Mass Index，BMI），是用身体质量（千克）除以身高（米）平方得出的数值，即 BMI = 身体质量/身高^2，是目前国际上常用的、衡量人体胖瘦程度的一个标准。我国确定的，形态较理想的标准是：$18.5 \leq BMI < 24.0$。

（2）体脂百分比，是人体内脂肪组织质量占身体质量的百分比，是评价身体成分的主要指标，计算公式为：体脂百分比 = 脂肪质量/身体质量×100%。近年来，一些体质检测中心、健身场馆、研究所、医院等机构都配备了能方便地测定体脂百分比的身体成分分析仪（图1-7）。一般女子的正常范围为20.0%～23.9%，男子为13.0%～16.9%。

准备阶段
内容：热身活动
时间：5~15分钟

运动项目实施阶段
内容：1个或几个运动项目
时间：一般30~60分钟

整理阶段
内容：放松活动
时间：5~10分钟

图1-6　健身运动计划的实施过程

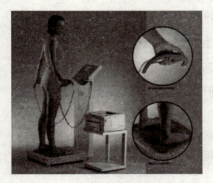

图1-7　身体成分分析仪测量体脂百分比

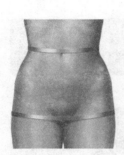

图1-8 人体腰臀比的测量

（3）腰围、臀围比例（图1-8），用一个无弹性的卷尺测量腰围（卷尺放在肚脐水平处），然后再测量臀围（一定要是臀部最宽的部分）。用腰围除以臀围就得到了腰臀比例。女性理想的腰臀比例在0.67～0.80之间，而男性在0.85～0.95之间。

2. 心肺功能评定

（1）台阶测试（图1-9），根据《国民体质测定标准手册》的要求完成上下台阶3分钟后的心率（脉搏）测量，通过计算台阶指数评定心肺耐力的水平。台阶指数=运动持续时间（秒）×100/（3次测量脉搏数之和×2），心肺耐力较好的人台阶指数较高。

（2）9分钟跑测试，是指依据我国《普通人群体育锻炼标准》测量在9分钟内所跑距离来进行心肺耐力的评价的测试。不同年龄、不同性别有不同的评价标准，跑的距离越远说明被测试者心肺耐力越好。

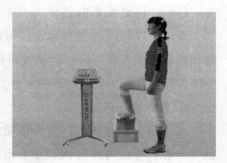

图1-9 台阶测试

3. **肌肉力量和肌肉耐力评定**

（1）握力测试（图1-10），是指通过握力计测试握力的最大值。不同年龄、不同性别有不同的评价标准，握力越大说明力量素质越好。

图1-10 握力测试

（2）1分钟仰卧起坐测试，测量人体腰腹部肌群的力量及其耐久力。同样，不同年龄、不同性别有不同的评价标准，1分钟完成的次数越多，表明肌肉的力量和耐力越好。

4. **柔韧性评定**

（1）坐位体前屈测试（图1-11），测量人体躯干等的柔韧性，采用坐位体前屈仪测量双手中指指尖推动游标平滑前移的距离，距离越长表示柔韧性越好。

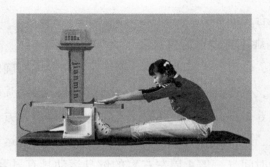

图 1-11　坐位体前屈测试

（2）肩部柔韧性测试（图 1-12），测量肩关节活动幅度和灵活性。常用的是双手背勾测试，左右手尽量相互靠近，用带尺测量两手中指指尖在后背之间的距离或手指重叠部分的长度，距离越小或重叠部分长度越长说明肩部的柔韧性越好。

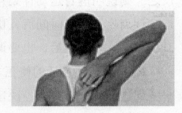

图 1-12　肩部柔韧性测试

5. 平衡能力评定

闭眼单腿站立测试，测量维持闭眼单腿站立的时间，时间越长说明平衡能力越好，一般 60 秒以上者为良好；30～60 秒者为一般；30 秒以下者较差。

6. 心理与生活方面的评定

心理与生活方面的评定以主观的评价为主，例如，可通过"是否感觉精神更饱满了，精力更充沛了？""是否发觉睡觉质量提高了，食欲变好了？""是否上下楼梯不气喘，走路更轻松了？""是否一天上班下来没那么累了？"等问题进行自我测评。

当进行了一段时间的健身运动后，您一定想知道自己的付出究竟有没有回报，这时候可以评估一下这种（些）运动是否适合您，它们有没有给您的身体和心理带来一些有益的变化。对以上问题的回答如果是正向的，说明健身运动取得了良好的效果，可以稍做调整，继续坚持现有的运动计划；如果经过一段时间的运动后，身心基本上没有什么变化，说明运动计划存在问题，主要的问题可能是运动强度或运动量过小；如果身心的变化有些是正向的，有些是负向的，说明运动计划中存在不合理的部分,需要加以调整。

(二) 健身运动计划修正的内容

健身运动计划,也可称为运动处方,即针对某一个体所确定的,具有一定执行时间的运动方案,包含健身运动的目标、运动项目、运动强度、运动时间、运动频率和注意事项 6 个部分。一份好的计划应该满足以下几方面:运动目标恰当并满足个性化要求、运动项目选择易于执行且具有全面性、运动强度合理、运动量合适,经过一段时间(一般 4 周左右)的健身运动具有显著的健康促进效果;反之,则说明健身运动计划存在问题,需要及时加以修正。另外,一份好的健身运动计划执行一段时间后,机体的功能、运动能力等将发生明显的变化。身体的基础状态发生变化后,也要调整健身运动计划才能取得更好的效果。

1. 健身运动目标的修正

促进健康的总目标,决定了个体健身运动的目标主要包含强身健体、防病治病、人际交往、塑造体形等方面。每一个大的方面又需要根据个体的具体情况来分阶段、有重点地确定具体的目标,目标越具体,计划就能做得越精准。

健身运动目标的修正一般是在计划执行一段时间后。有条件的可以咨询相关专业人士对目标进行修正,没有条件的可以在评估自身运动效果的基础上进行修正。健身运动计划中需要修正的常见问题主要有:目标制定得太高,例如,计划一个月减肥 10 千克;目标制定得太粗,例如,计划一个月力量明显增强;目标制定与期望不一致,例如,为增强心肺功能,计划一个月能达到每次做 20 个俯卧撑的水平。

2. 健身运动项目的修正

健身运动总是表现为各个具体的运动项目,由于各个运动项目的健身价值不同,因而产生的健身效果存在很大差异。健身运动项目是围绕健身运动目标确定的,然而由于人们对运动的特点与健身价值的了解不够,会在运动项目的选择上存在一些偏差,这就需要在效果评价的基础上调整运动项目。例如,太极拳与健美操虽然同属于有氧运动,均能提高心肺耐力,但是由于太极拳运动强度相对较小,因而在提升心肺功能方面的效果要明显弱于健美操。修正运动计划需要考虑的另外一个因素就是运动项目是否符合健身者的主客观条件,例如,一些需要充分准备、运动时间较长的运动或集体类的运动项目就不太适合没有充足时间的健身者。

3. 健身运动强度的修正

健身运动强度是运动刺激的主要方面,与健身运动效果的关系最为密切。强度安排得当,效果一般较好,强度偏小则效果较弱,而强度偏大则往往会造成过度疲劳,甚至运动损伤。运动强度安排是否恰当,一般根据运动过程中运动者的生理强度监测与心理强度感受来确定,修正也以此为主要依据。对于普通的健身者而言,较为恰当的是中等强度,年轻人可以选择中等偏大的强度,年长者则宜选择中等偏小的强度。慢性病患者需要根据各种疾病的特点和疾病的发展情况确定运动强度。

4. 健身运动量的修正

在相同强度下,健身运动的运动量取决于运动时间、运动频率等因素。运动时间是指每天或一次运动的总时间(一天中可以累积),运动频率是指每周运动的天数。健身运动量的修正主要考虑两个因素:一是运动需要一定的累积才能产生效果,因此运动时间太短或频率太低,很难达到期望的健身效果;二是运动产生的疲劳需要一定的时间才能恢复,因此运动量过大会造成疲劳的积累,不仅不利于健康,可能还会造成运动的伤害。运动量的修正以当天运动后有一定的疲劳感,但基本不影响睡眠,第二天疲劳感消失、体力充沛为主要标准。

第二章
科学选择健身运动项目

第一节 | 健身运动项目的金字塔结构

健身运动是以有目的、有计划的身体活动为手段，达成健康目标的过程。由于健身运动项目的种类繁多，许多计划健身的人，都会在健身运动项目的选择方面存在困难。美国运动医学会认可的"运动金字塔"，为人们更科学、具体地选择健身运动项目提供了指南，构建一般人群健身运动项目的金字塔结构（图2-1）。金字塔结构共分为4层，对于任何希望通过健身运动达到健康目标的人来说，按照金字塔结构提供的思路进行项目选择，并遵循科学健身的原则和基本要求，就能有效提高人体的体质健康水平。

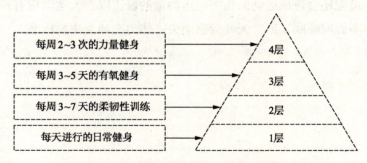

图2-1　健身运动项目的金字塔结构

第一层，主要由每天可进行的日常健身运动组成。在科技进步的文明社会中，自动化操作装置的运用和日常生活的信息化，使得人类的身体活动显著减少。因此，日常的健身运动已经成为应对人类体力下降问题的主要手段。所谓日常的健身运动，是指人们在工作、生活、交通、休闲等活动过程中，有目的、有计划地进行的身体活动。例如，以步行或骑自行车上下班替代驾车、坐公交车上下班，亲自拖地打扫卫生替代扫地机器人，上下楼走楼梯替代坐电梯等（图2-2）。有些人觉得专门抽出一段时间健身很累，而且往往没有足够的时间，那么有目的、有计划地好好利用日常活动进行健身，也能达到增强体质、促进健康的目的。有研究指出，每天坚持步行 6 000 ~ 10 000 步，就能有效预防各种慢性病的发生。提倡健身运动生活化，也是改善机械化、信息化、自动化使人类"静坐少动"、活动缺乏这一现实问题的有效路径。

图2-2　日常生活中的活动也是一种健身运动

第二层，主要由拉伸为主的柔韧性训练组成。随着年龄的增加，人体肌肉、筋膜、关节等运动系统会逐渐变得僵硬，这种不同程度的僵硬，一方面会导致人体微循环的减弱，影响肌肉、骨骼、关节软骨等组织的营养供应；另一方面也使人体运动系统的弹性减弱，导致身体活动时的损伤，再者关节活动的减少，会导致年老后生活自理能力的下降。因此，每天或隔天进行全身关节的拉伸能提高人体的柔韧性，这也是健身运动的重要组成部分。柔韧性训练可以利用生活中的碎片时间进行，也可以在进行有氧运动和力量运动前后进行，只要养成习惯，每天累计完成 10 ~ 30 分钟的柔韧性训练是一件轻松愉快的事。

科学健身
——如何选择健身运动项目

第三层，主要由中等或小强度的有氧健身运动组成。有氧健身运动持续时间较长，能够调动人体大肌肉群的活性，能加强心脏的血液循环、提升肺的通气和换气功能，并且能消耗大量的能量。因此，有氧健身运动首先可以有效提高心肺功能，使得心脏跳动更加有力、肺活量增加；其次可以增强血管弹性，预防血管的硬化；最后可以消耗多余的能量，有效控制体重或减肥，减少糖尿病等代谢性疾病的发病率。中等强度的有氧健身运动，例如，跑步、骑功率车、游泳和快走等，需要有计划地安排，一般需要专门安排一定的时间，同时需要根据年龄、性别和体质等因素量力而行，循序渐进。而小强度的有氧健身运动，如步行、骑自行车等可结合日常生活活动开展。有氧健身运动的时间每次一般需要持续 5 分钟以上，一天累计达到 30 分钟，或一次运动 30 分钟及以上才能达到较好的效果，中等强度的有氧健身运动以每周 3～5 次为宜，注重运动形式的多样化可防止运动倦怠或虎头蛇尾，小强度的有氧健身运动可以每天进行，每次持续时间以 30～60 分钟为宜。

第四层，主要由增强肌肉力量的力量健身运动组成，也可由力量、灵敏性各占一半的健身运动组成，每周保证 2～3 次。力量健身运动可增强肌肉力量，提高骨密度，防止意外受伤。速度和灵敏性训练可提高人体运动反应、身体移动和转换动作能力、运动的协调性等。力量健身运动适合各类人群，而速度和灵敏性训练主要适合儿童、青少年。力量训练主要采用抗阻力的形式，可以是静态的，也可以是动态的。动态力量训练较为常见，如对抗自身重量的俯卧撑、仰卧起坐、引体向上等，对抗外加重量的哑铃弯举、杠铃卧推、橡皮带拉伸等。静态力量训练对于一些关节有疾病、力量减弱的人群具有特殊的意义，另外在居家环境完成也很方便，如靠墙半蹲、平板支撑等。刚开始进行力量训练时会感到肌肉酸痛，这是正常现象，只要做到循序渐进并动作正确，就不会造成运动损伤。

第二节 健身运动项目的种类

健身运动的项目种类很多，需要在进行健身运动时有所了解，才能选对合适的健身运动项目。首先，不同的健身运动项目的健身价值有很大的差异，例如，跑步和游泳，即使相同的健身运动项目，因运动强度的差异也会产生不同的健身效果，例如，慢走和快走；其次，参与健身的人群除了年龄、性别外，其他个体差异也很大，包括体质健康状况、运动基础与运动能力、个性心理特点以及经济承受能力等。有些健身运动项目适合所有人，例如，步行，有些则只适合于一部分人，例如，网球、高尔夫球等。因此，我们健身首先碰到的问题就是健身运动项目的选择问题，选择一些适合自己的、便于长久坚持的运动项目是健身运动科学性的重要体现。在第一节中的健身运动项目金字塔结构中，日常的健身运动主要是日常生活活动中的体力活动项目，例如，生活中的行走、做家务、工作活动、交通活动等，这些活动项目可以减少人体静坐的时间。本节所指的健身运动项目主要是金字塔第二层及以上的项目，是在闲暇时间有目的、有计划地实施的健身运动。健身运动项目的分类方法很多，一般健身者主要应了解以下四种分类。

一、运动时的能量供应与运动分类

人体运动是骨骼肌活动的结果，骨骼肌的活动需要消耗能量，人体运动时的能量供应可以分为糖、脂肪在氧气充足情况下的有氧氧化供能和身体内的糖原等在缺氧的情况下酵解为乳酸的无氧酵解供能两种情况（此外，还有一种情况是体内储存的高能磷酸化合物 ATP、CP 在缺氧的情况下供能，但这种能量供应只能维持 10 秒左右，时间很短）。因此，可以将所有的健身运动按照运动时的能量供应情况分为有氧运动和无氧运动两种（图 2-3）。

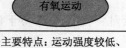

图 2-3　运动分类与运动时的能量供应

（一）有氧运动

"有氧运动"一词是 20 世纪 60 年代后期由医学健身专家库珀博士提出来的，它的本意是"使用氧气的运动"。有氧运动是指在有氧代谢状态下，人体大肌肉群参加的、长时间的身体运动。

有氧运动的特点：

（1）有氧代谢状态：运动时需要的氧气量较少，低于人体的最大吸氧量，运动时可以得到充足氧气供应，人体运动的能量供应均来自体内能源物质的有氧氧化。

（2）大肌肉群参加活动：运动时上肢、下肢和躯干的主要肌肉群同时参与运动。

（3）长时间：由于运动时以有氧代谢供能，因而不易疲劳，可以长时间地进行。

典型的有氧运动包括行走、慢跑、广场舞、健身操、骑自行车、上下台阶、游泳、划船等。

（二）无氧运动

无氧运动是相对于有氧运动而言的，是指在无氧代谢状态下，人体的身体活动。无氧运动的特点是：

（1）无氧代谢状态：运动时需要的氧气量高于人体最大吸氧量，运动时缺氧，人体运动的能量供应均来自体内糖的无氧酵解。

（2）有乳酸产生：无氧酵解的产物是乳酸，乳酸量达到一定水平，会使人体的内环境紊乱。

（3）短时间：乳酸产生造成的内环境紊乱，使得人体易于疲劳，因而运动只能持续较短的时间。

典型的无氧运动包括：快速奔跑、快速跳绳、快速上下台阶等。

事实上，在健身运动项目中有些运动项目，例如，很多球类运动，既有有氧运动的特征，也有无氧运动的特征，一般可以归为无氧运动。

二、运动提升的功能、素质与运动分类

运动时肌肉的活动能提升人体的功能与素质，一般将运动时肌肉表现出的功能和素质分为力量、灵敏度与速度、耐力、柔韧和平衡，因此，可以根据运动提升的主要功能与素质将运动分为：力量运动、耐力运动、柔韧运动、速度及灵敏性训练和平衡运动（图 2-4）。其中力量、耐力和柔韧运动是健身运动中适合全人群的运动，而速度及灵敏性训练主要适合儿童、青少年人群，平衡运动主要适合中老年人群。

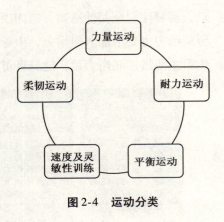

图 2-4 运动分类

（一）力量运动

力量是人体神经肌肉系统在工作时或对抗阻力时表现出的能力，是其他运动素质的基础。力量运动是指徒手或通过各种器械，运用专门的动作方式和方法进行的以发展肌肉体积、增强肌肉力量和肌肉耐力为目的的健身运动。

力量运动常被认为是运动员或健美人群的专利，因而在大众健身中常常被边缘化。随着对科学健身认识的提升，人们逐渐认识到力量运动对健康的重要性。力量运动可以扩大肌肉的横断面积，塑造健美的形体；可以预防骨质疏松、腰背疼痛。青少年可以通过力量运动训练，使自己在喜欢的运动或活动中有更出色的表现；老年人通过力量运动，能维持骨密度，提升平衡能力，保持活力，维持日常生活所必需的活动能力。

力量运动的练习形式可以细分为很多种，在健身运动中实际被用到的主要有四种分类（图 2-5），按照运动中肌肉是否有长度变化分为动力性力量练习、静力性力量练习，按照克服重量的方式分为克服自身重的力量练习和克服外界负荷的力量练习，按照运动的部位可以分为上肢力量练习、下肢力量练习、躯干核心力量练习等，按照运动克服的重量可以分为小负荷力量练习、中等负荷力量练

习、大负荷力量练习等。前面三种分类主要依据的是力量运动形式的不同，可以根据健身者的目标和可获得的器材等进行选择，一般健身者可以综合进行以上运动，需要注意全面性原则。第四项分类则主要依据的是力量运动的物理强度，小负荷练习主要增加肌肉耐力，中等负荷练习主要增加肌肉体积和力量，而大负荷练习主要增加肌肉力量，健身者可以根据自身的目标选择不同的强度。

动力性力量练习与静力性力量练习	克服自身体重的力量练习和克服外界负荷的力量练习	上肢力量练习、下肢力量练习和躯干核心力量练习	小负荷力量练习、中等负荷力量练习和大负荷力量练习
• 动力性力量练习肌肉长度发生变化，如俯卧撑 • 静力性力量练习肌肉长度不变，如蹲马步	• 克服自身体重的力量练习以人体的体重作为负荷，如引体向上 • 克服外界负荷的力量练习需外加负荷，如哑铃弯举	• 上肢力量练习包括肩、肘、腕关节的肌肉练习，如哑铃弯举 • 下肢力量练习包括髋、膝、踝关节肌肉的练习，如深蹲 • 躯干核心力量练习主要是腰背肌练习，如卷腹	• 小负荷力量练习一般指给定重量能做15次以上的练习 • 中等负荷力量练习一般指给定重量能做6~15次的练习 • 大负荷力量练习一般指给定重量能做6次以下的练习

图 2-5　常见力量运动的分类

（二）耐力运动

耐力是人体肌肉长时间工作的能力。耐力运动就是指能够长时间进行、能够增强心肺功能和肌肉耐力的健身运动。

耐力运动是大众健身普遍采用的运动方式，例如，步行、跑步、广场舞、自行车、有氧操、太极拳、健身气功等，只要持续5分钟以上，均可以看作耐力运动。耐力运动能够有效提高心肺功能水平，有助于人体毛细血管的贯通，提高肌肉的耐受力等。耐力运动的强度不同，对人体机能的影响有很大差异，中等及以上强度的运动，是健身的最佳选择，而小强度的耐力运动则主要适合体弱或疾病人群。

（三）柔韧运动

柔韧性是指人体关节在不同方向上的运动幅度以及肌肉、韧带等软组织的伸展能力。良好的柔韧性能使人的动作舒展，使肌肉轻松而高效地运动，有助于完成日常生活中的动作和某些特定动作，并可以减少某些运动损伤和肌肉、骨骼的毛病，有利于保持良好的体态，柔韧性对于各年龄段的人来说均很重要。柔韧运动统指可以增加关节运动幅度和肌肉、韧带伸展性的运动，例如，各种舞蹈运动、瑜伽、各种拉伸运动等。其中拉伸运动是最常见的柔韧运动，拉伸运动也分动力性与静力性两种，动力性拉伸是拉伸—放松—拉伸的交替，一般需要一些辅助力，宜作为热身运动，静力性拉伸则是一种持续性的拉伸，大多数情况下都可以进行。拉伸运动需要的场地设施简单，是一种便于完成的运动，但拉伸运动开始时较为困难，有些枯燥且效果不明显，因而健身者常不能很好地坚持。其实，只要控制好强度（拉伸到肌肉绷紧、没有明显痛感），每天坚持练习，就很容易养成习惯，取得很好的健身效果。

（四）速度与灵敏性训练

灵敏性衡量的是人体快速变换动作的能力，速度衡量的是快速变换身体位置的能力。速度与灵敏性训练是指能够提高灵敏性和速度的健身运动。由于这两类能力主要取决于神经系统的灵活性和人体肌肉的收缩能力，因而能提高神经系统灵活性、肌肉力量和速度的运动可归为速度与灵敏性训练，如快跑、快速移动、跳绳、各种球类运动等。灵敏性和速度对于青少年具有重要意义，是学习某些专项运动技术的基础。

（五）平衡运动

平衡是人体控制姿势和维持稳定的能力，平衡运动是指能够促进人体平衡能力增强的健身运动。由于人体的平衡能力主要取决于人体对空间的感知能力、人体肌肉控制身体的能力，以及有跌倒趋势时应用姿势控制策略的能力等，因此凡是能提高这些方面能力的运动均可视为平衡运动，如太极拳运动、舞蹈运动、轮滑运动、多数的球类运动、增强下肢肌肉力量的运动、专门的平衡训练运动等。平衡能力对老年人具有特别意义，老年人进行平衡运动有助于预防跌倒。

三、运动技术的动作组合与运动分类

人体的运动总是表现出一定的技术性，有些技术相对简单，而有些技术则较为复杂，这与组成技术的动作数量和本身难度有关。根据人体运动时的动作组合形式，可以将人体的运动分为周期性运动、非周期性运动及混合性运动、不固定运动等（图2-6）。周期性运动由于动作简单重复，因而易学易练，是最常见的健身运动。

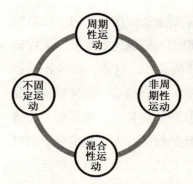

图2-6 运动技术的动作组合与运动分类

（一）周期性运动

人类的周期性运动是由一系列的动作组成的，以周期循环的规律出现的动作组合，例如竞走、赛跑、游泳及速度滑冰等运动项目。其特点是动作的反复性、连贯性、节律性、交互性以及动作的惯性。因而周期性运动的运动技术相对简单，便于学习，运动强度容易控制，在完成运动过程中相对省力，但长时间进行容易使人感到枯燥。

（二）非周期性运动

是由各不相同的单一动作组合成的成套连续动作，例如，体操中的成套动作、武术中的太极拳等。其特点是动作具有相对的独立性、复杂性和稳定性，这是因为运动技术由许多不同的动作组成，体现了其复杂性，而动作的数量、性质、排列顺序和相隔时间都是固定的，显示了其稳定性。

有的运动是混合性的，即其运动技术既具有周期性又具有非周期性，两种动作相互制约，两种动作的组合部分是运动技术的关键部分。有的运动是不固定的，即其运动技术复杂多变，例如，一些球类项目，环境条件复杂多变，要求运动员在完成动作系统时随机应变。也有固定性和不固定性相结合的运动，指的是运动中的一些基本动作比较固定，而由基本动作组成的运动技术不固定。

四、运动的实施、组织方式与运动分类

在健身运动项目中，有些运动可以独自一个人完成，而有些运动则需要两个或以上的人才能进行，有些单人完成的运动可以组成团体来完成，根据运动的实施与组织方式可以简单地将运动分为单人运动、多人或集体运动。

（一）单人运动

顾名思义，单人运动就是一个人可以完成的健身运动形式，如走路、跑步、游泳、骑车、轮滑、瑜伽、器械运动、拉伸运动等。单人运动易于实施，也能较好地控制运动强度和运动量，不易受周围人群的影响。其不足是缺乏互动交流，在运动过程中也会因为遇到困难，缺乏支持而出现各种问题。

（二）多人或集体运动

是指两人及以上进行的健身运动形式。很多多人运动本身需要多个人一起才能进行，例如，乒乓球、网球、排球、篮球等运动，需要 2～12 人不等，足球则需要 20 多人参与。而有些多人运动则是将多个个体的单人运动组合在一起形成的，如广场舞、集体跑步、集体习练健身气功等。多人运动由于有团队内部个体的相互支持与竞争，能使参与者获得更多的互动交流体验，但也可能会因为某些个体的缺席而不能正常开展。

在运动项目的分类方面还有根据体能、技巧特点进行分类的，根据水、陆进行分类的，根据室内、室外进行分类的等多种分类方式。在健身运动中，健身运动者通常只要掌握以上四个方面的分类，即可从容地选择合适的健身运动项目。

显然，上述健身运动项目的分类，是按照不同的分类标准来进行的，同一项健身运动项目在不同的分类中有不同的归属。例如，慢跑从能量供应的角度来看，属于有氧运动；从运动功能的角度来看，属于耐力运动；从运动技术的角度来看，属于周期性运动；从组织实施形式的角度来看，既可是单人运动，也可是多人运动。

第三节｜健身运动项目选择的影响因素与原则

在众多的健身运动项目中，如何选择适合自己的运动项目是每位计划参与健身运动者必须考虑的问题，同时也是科学健身首先要解决的问题。在现实生活中，有些健身运动爱好者由于选择了不合理的项目，不仅健身效果不佳，而且还造成了运动伤病；有些健身爱好者因开始运动时选择的项目不恰当，而难以坚

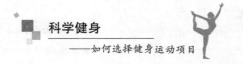

持，造成运动中断等。无论是对于刚刚开始计划健身的人，还是已在健身但效果不佳、出现运动伤病的人，要达到科学健身的目标，均需要根据健身"运动金字塔"建议、科学健身的原则与要求来选择健身运动项目。

一、健身运动项目选择的影响因素

（一）个体因素

个体自身的各个方面情况是决定健身运动项目选择的首要因素。不同个体存在年龄、性别的差异和工作学习生活情况的差异，同时还有身体机能、健康水平、运动基础与能力、经济条件、兴趣爱好等方面的差异，因此需要根据自身的这些情况来综合考虑健身运动项目的选择（图2-7）。

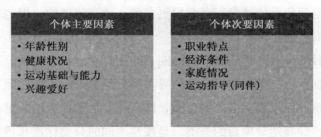

图2-7　影响健身运动项目选择的个体因素

1. 年龄与性别

年龄与性别的不同往往决定了其他个体因素的差异，因而是健身运动项目选择首先要考虑的因素。人类出生后，身体各器官系统的机能都会经历逐步提升、保持稳定、逐步下降的过程。一般而言，健身运动者在儿童、青少年阶段应主要选择能够增强身体各项机能的健身运动，在成年阶段应主要选择有助于保持各项机能、预防过早退化的健身运动，在老年阶段则主要选择延缓各项机能衰退的健身运动。人类在进入青春期后，男女在身体机能方面表现出较多不同，而女性特有的月经周期和孕育孩子的生理变化，都使得女性在进行健身运动时有些特殊的需求。有关不同年龄、性别人群健身运动项目的选择详见第五章。

2. 健康状况

个体的健康状况与健身运动项目选择大致可以分成以下四种情况：

（1）身体无病、自我感觉健康状况良好。选择健身运动项目的限制较少，各种类型的健身运动项目基本上都可选择。

（2）身体无病、自我感觉健康状况一般或较差（亚健康状态）。选择健身运动项目主要是为了改善健康状况，则总体上应该以有氧运动为主，从增强功能的角度则考虑以力量运动、耐力运动、柔韧性训练相结合，以达到增强体质的目的。

（3）慢性病患者，即已经确诊一种或一种以上的慢性病，如高血压、糖尿病等的人，健身运动项目的选择要根据疾病的具体情况来进行，各种慢性病人群健身运动项目的选择详见第六章。

（4）在生病状态或一些慢性病的发作期，一般要根据医生的建议，进行一些力所能及的、简单的身体活动。

3. 运动基础与运动能力

运动基础与运动能力是指参加健身运动项目所需要的运动方面的知识、技术、技能，以及身体素质。有些健身运动项目对专门的技术、技能和身体素质有一定的要求，例如篮球、排球、乒乓球、羽毛球等各种球类运动，滑雪、滑冰等滑行运动；有些则需要较好的体能与训练，例如马拉松、攀岩等。因此，在计划健身运动前需要对自己的运动基础与运动能力有个初步的评估，即评估自己掌握了哪些运动技术项目或在哪些项目上有一定的基础，自己的身体素质（体能）情况如何，是否具备实施某项健身运动项目的一些知识。如果评估结果较差，则宜选择一些简单的有氧运动作为开始（步行、骑自行车等），先形成健身运动的习惯，然后再慢慢学习一些项目的运动技术，增强体能，这样就可以扩大健身运动项目的选择范围。如果评估结果较好，则可根据自己的兴趣爱好、健身目标等，有目的地选择健身运动项目，这样一方面可增加运动的乐趣，另一方面也可有效地防止运动的中断。

4. 兴趣爱好

健身运动的兴趣与其他兴趣一样，需要有个培养过程，同时，对一个或几个健身运动项目感兴趣也是保证健身运动持续性的基本条件。健身运动者有些喜欢单人运动项目，有些喜欢多人或集体运动项目，有些喜欢具有挑战性的运动项目，而有些则喜欢轻松的运动项目。兴趣是最好的老师，是开启自律之门的关键，现时的马拉松热、广场舞热就是兴趣爱好影响健身运动选择的最好体现。因此，结合自己的性格特点，培养自己对一个或几个健身运动项目的兴趣对于健身运动者而言同样至关重要。一般而言，儿童时期主要以培养运动兴趣为主，重点发展运动协调性和柔韧性，家长可以带着刚会走路或奔跑的孩子做一些游戏，为其日后进行运动打好基础。青少年时期也应该以身体素质的全面发展为主要任务，青少年应在接受体育教育的过程中学会至少2项运动技术（除走路、跑步等基本技能外的单人、多人项目各一项），发现自己的兴趣与爱好，使之成为以后能一直坚持的健身运动项目。

5. 其他因素

（1）职业特点。职业人群在工作中的身体活动差异很大，例如，公务员、事业单位工作人员常常伏案工作，体力活动较少，静坐时间较长；而产业工人、服务业工作人员工作时常常需要长时间站立，体力活动较多。因此，体力活动较少而脑力活动较多的人群，宜腾出时间进行中等强度的有氧运动项目以减少静坐的危害，保持或提升人体的基本生理功能；而对于体力活动较多的人群，则宜选择一些轻松有节奏的健身运动项目，例如太极拳、乒乓球、广场舞等，以有效消除工作时的身体疲劳、促进身体的恢复。

（2）经济条件。经济条件对健身运动项目选择的影响主要在于有些运动项目的器材、场租等费用较高（高尔夫球的场地费、购买网球球拍与球的费用等）。因此，在健身运动项目的选择上也要结合自身的经济条件有所取舍。当然，也应认识到健身运动是对健康的最好投资，适当的消费有时能够促进健身运动习惯的养成，例如，很多健身爱好者的运动习惯就是从购买了健身卡开始的。

（3）家庭情况。影响健身运动项目选择的家庭情况主要是指个体分担家庭责任的大小、承担家务劳动的多少，以及家庭成员间的共同运动兴趣与相互支持的程度。一般来说家庭责任大、承担家务多的人群宜选择能灵活执行的健身运动项目，反之则应该选择应规律执行的运动项目。家庭成员间选择共同感兴趣的健身运动项目，能更好地相互支持。

（4）是否能够获得运动的指导（或者是否有同伴）。有些运动，主要是多人运动项目，有一定的技术性，且运动的基本条件是要有同伴，例如，球类运动中的篮球、排球、羽毛球、乒乓球等。如果没有人进行项目技术的指导或者没有同伴，就不应该将这些项目作为健身运动项目。

（二）健身的目标

健身的目标归纳起来主要有以下四个方面：一是强身健体，增强身体功能；二是防病治病，减少患病风险；三是社交减压，增进人际交往；四是塑造体形，维护年轻形象。基于不同的目的，健身运动者对运动项目的选择有所区别。

1. 强身健体的目标

强身健体往往是任何项目都具有的功效，尽管如此，不同的健身项目在强身健体方面的效果仍有一定的差异。因此，为实现强身健体的目标，总的原则是运动项目的选择应该多样化，以实现不同运动项目健身功效的互补。一般可以按照运动功能来选择项目，选择兼顾力量、耐力、柔韧性、速度、灵敏性、平衡感训练的运动。不同年龄的健身运动者可以选择不同的项目，青少年宜多参加力量运动、耐力运动、速度和灵敏性训练，成年人更多参加力量、耐力、柔韧运动，老年人更多参加力量、耐力、平衡、柔韧运动；不同性别也可侧重选择不同类型的项目，男性更多参加力量、耐力、速度和灵敏性训练，女性更多参加耐力、柔韧运动等（参见第五章）。

2. 防病治病的目标

防病治病的目标可以分成两个方面，其中，为实现防病的目标可以参照强身健体的方法选择项目，而要实现治病的目标则主要根据疾病的具体情况，在有氧运动项目中选择一些增强力量、耐力、柔韧性的运动项目，具体见各类慢性病患者的运动方案（参见第六章）。

3. 社会交往的目标

为促进社会交往，选择运动项目时可以根据自己的运动技术掌握情况，选择一些多人或集体运动项目。

4. 塑造体形的目标

塑造体形的目标可以概括为增肌目标和减肥目标两个方面，为实现增肌目标应选择力量运动项目，而要实现减肥目标则应选择各种有氧运动。

（三）社会供给状况

社会供给状况主要是指健身运动设施的供给情况、运动场地的配置情况、交通设施的情况、健身场所的服务情况、健身运动的指导情况等。这些供给状况也会影响健身运动项目的选择，例如，近几年兴起的广场舞热，与我国经济社会的发展、各地政府对市民休闲活动广场的大量建设有关，而马拉松热则与健身步道的大量投入使用有密切联系。

有些运动项目对场地器材以及环境的要求比较高，例如，攀岩需要有攀岩墙、网球一般需要专门的网球场等。如果所在地附近没有这些场地设施，那么这样的健身运动项目就不一定适合。

二、健身运动项目选择的原则

（一）健身运动项目的功能应与健身运动的目标保持一致

选择健身运动项目时，首先应考虑其功能特点是否与健身运动参与者的目标一致，在此基础上，还应注意全面和准确两个要点。

每一类或每一种健身运动项目都有自身突出的功能特点，这些主要的功能特点应与健身运动参与者的目标一致。例如，集体运动项目有促进人与人之间的合作、交流、沟通能力的功能，能较好地满足健身运动参与者与他人交往的心理需求，包括扩大交往范围的需求、情感的需求（亲情、友情、爱情等）。健美操有促进健康、保持年轻体态、塑造形体、陶冶情操等功能。

在选择健身运动项目时应注意，不同的健身运动参与者的目标不一样，同一个健身运动的参与者在不同时期、不同阶段的目标也有变化。健身运动参与者在选择健身运动项目时，一定要对自己的目标进行全面、系统的分析，对健身运动项目的健身价值与适合人群等进行了解，这样才能使健身运动项目的功能与健身运动的目标保持一致，以达到最佳的健身运动效果。

（二）健身运动项目应具有一定的优势

适合健身参与者的运动项目至少应具有以下优势中的一个：

（1）动作技能要求不高，动作较为简单；
（2）对体能有一定的要求，运动后能有疲劳感；
（3）安全性高，不太会产生运动意外与运动损伤；
（4）具有一定的趣味性；
（5）对场地、器械的要求不高；
（6）组织运动较为容易。

国内外比较推崇的健身运动项目，多具备以下特点：

（1）健身作用明显，如健步走、健步跑、游泳等；
（2）对运动技能和体能要求不高，动作简单易行，如行走、跑步等；
（3）不需要特殊的场地、设备，如太极拳、健美操等；
（4）身心合一，如瑜伽、太极拳等；
（5）利于坚持，如游泳、行走等；
（6）可单独进行，也可集体进行，如健身舞、跑步等；
（7）安全性高、趣味性足，集健身和娱乐为一体，如广场舞、划龙舟等；
（8）能够实现一些较高的健身目标（兼顾艺术性等），如瑜伽、健身舞等；
（9）符合健身运动者的文化背景和时代特征，如瑜伽、太极拳、健身气功等。

（三）健身运动项目的选择应考虑人群的适应性

目前，几乎没有一种健身运动项目能适合所有的健身运动者，就是走路和跑步这样的运动也不是人人都适合的。走路和跑步虽然简单，人人都能掌握，且健身价值较高，但运动时间长，容易使人感到枯燥，这是不少人很难将走路和跑步作为健身运动项目的主要原因。由此可见，每种健身运动项目都有一定的局限性，在选择健身运动项目时，应充分考虑健身运动参与者的年龄、性别、身体状况、心理特征、运动基础等个体情况，以突出个性化的特点。儿童、青少年运动项目的选择应考虑趣味性和挑战性，可选择轮滑、游泳、攀岩等项目；而老年人运动项目的选择应考虑运动强度、群体性，可选择健身气功、气排球、广场舞等项目。

（四）健身运动项目的选择应考虑文化背景、时代特征

健身运动项目的选择还应考虑文化背景、时代特征等因素。一方面，不同的国家和民族有各自特有的文化和传统，在长期的生活中形成了特有的健身运动项目，这些项目具有传承民族文化的功能；另一方面，具有流行、时尚因素的新兴健身运动项目，能较好地满足个性发展的要求。对健身运动项目的文化背景、时代特征等因素的分析，对选择合适的健身运动项目、促进坚持健身运动习惯的养成有很重要的作用。例如，在我国，健身气功、太极拳等传统民族体育运动项目的习练人数较多，体现了文化背景的影响；马拉松热、广场舞热等，体现了时代特征；越野挑战、潜水、滑雪等运动则体现了时尚运动特点。

第三章 常见个人健身运动项目简介

第一节 走跑类健身运动项目

走、跑是人体的基本运动技能，由于所需条件少且易于执行，因而也是最常被采用的健身运动项目，尤其是行走，即日常生活中个体移动的基本方式，是最常见的健身运动项目。走有不同的走法，跑也有不同的跑法，在走、跑类健身运动项目中选择一项，形成习惯，对提高人体的健康水平具有积极意义。

一、散步

散步指为了生活、娱乐或健身而随便走走，是当下最简单、最经济的健身方法，也是人们最熟悉的运动方式，其特点是行走速度较慢、步幅较小。散步可以采用不同形式，如快速散步（每分钟走 90～100 步）、普通散步（每分钟走 60～90 步）、摩腹散步、倒退散步、踮脚散步、摆臂散步等（图3-1）。

（一）健身价值

散步的运动强度较低，属于小强度的有氧运动，对身体各器官系统的锻炼价值有限。主要的价值是减少不活动的负面影响，调节情绪。

第一，散步是一项可以陶冶情志、舒畅情怀的运动，有养神舒心的效果。在空气新鲜、环境幽雅的场地上漫步行走，会使人神清气爽、心旷神怡。在紧张的脑力劳动后散步，可消除疲劳，健脑益智。

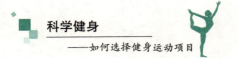

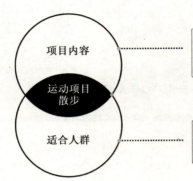

图 3-1 散步的项目内容和适合人群

第二，长期坐着或站着工作的人，容易感到腿胀，患上静脉曲张和痔疮等疾病，原因是身体下部的静脉淤血，不易流回心脏。散步中，下肢肌肉活动增强，有节奏地挤压静脉血管，促进血液循环，有利于血液迅速回流心脏。

第三，身体活动少的时候，肠胃的活动也会跟着减弱，很容易引起消化不良、便秘。若饭后散步，腹部肌肉的运动对肠胃进行有效的"按摩"，会改善肠胃的消化和吸收功能。

第四，当人们较长时间保持坐姿时，肺的扩张会受到一定限制，影响呼吸的深度。散步时，身体挺直，胳膊自由摆动，可使肺的换气量大大提高。

第五，有节奏的散步会对人的大脑皮层造成一种单调而反复的刺激，能够促进大脑皮层抑制过程的发展，使因工作受累的神经细胞得到充分休息。所以，有人也用睡前散步的方法来防治失眠。

（二）适合人群

适合所有具有步行能力的人群，尤其是伏案工作的人群和工作、生活压力较大的人群，但作为长期健身运动项目时，散步仅适合疾病恢复期的人群老年体弱人群（图3-1）。

（三）场地与环境要求

散步地点和路线的选择也十分重要，如果散步的地点环境较差、周围汽车较多，或是路面不平整等，都会影响散步的效果。建议在住家附近多逛逛，熟悉周围环境后挑一条安全、干净、安静而又景色宜人的路线作为自己每天散步的路线。湖边的空气中有大量的负离子，对人体的健康十分有利，在湖边进行散步效果会更好。在道路上散步要特别注意安全。现在大部分城市都建设有一些政府规划好的健身步道，健身步道一般符合安全健身要求和标准，且都铺设弹性良好的塑胶。有条件者，可利用周边的健身步道进行散步，这是非常好的选择。

(四) 注意事项

第一，散步最好能穿上宽松的运动服，选择一双轻便防滑的运动鞋。避免穿紧身服和高跟鞋等。

第二，每次散步结束后，最好用温水浸泡双脚10分钟，舒筋活血、消除疲劳，对于脚寒手凉者效果更佳。

第三，高血压患者，应从慢速散步开始，根据自身的状况逐渐增加速度，以每日能够持续30分钟左右为宜。

第四，冬天，老年人不宜早起散步，因为冬季温度低，老年人各组织器官功能在逐渐衰退，血液循环不畅，对低温的适应能力较差，血压容易上升，加之，冬季夜长昼短，天亮得晚，视线受限，易导致意外，使老年人受伤。

第五，无论是倒退走还是踮脚走，都属于非正常的走路方式，容易对髋关节和膝盖造成损伤，因此，它们只能作为辅助练习，不能长时间进行，以每次5~10分钟为佳。

二、快走（健身走）

快走，也称为健身走，是一种具有一定运动强度的有氧健身方式，一般而言，每分钟超过100步的行走才能称为快走，要求参与者尽量快速地步行。由于每个人身体情况不同，快走的速度没有一定的标准。快走健身主要关注身体姿势和在一定步幅下的步频维持。快走的速度取决于步幅和步频，快走的步幅可以循序渐进，逐步增加，但是步频必须保证稳定，才能达到较好的锻炼效果。步频一般根据自身的体能状态确定，健康成年人的步频应保持在每分钟120步以上，中老年人步频要保持在每分钟110步以上（图3-2）。

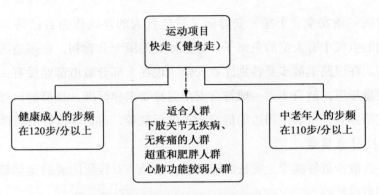

图 3-2　快走的项目内容和适合人群

（一）健身价值

快走是一种可达到中等强度的有氧运动，可以增强人体心肺功能，保持体能水平，促进脂肪消耗和骨关节健康。作为健身锻炼项目，快走最容易持之以恒，被世界卫生组织认定为世界上最好的健身运动方式。

第一，快走作为一种全身性的运动，可将全身大部分骨骼肌动员起来，从而使人体的代谢活动增强、心跳和呼吸加快、血流通畅，长期坚持可有效增强心肺功能。同时，快走也能在一定程度上增加下肢的肌肉力量和肌肉耐力，提高人体的体能水平。

第二，快走作为一项有氧运动，只要迈开双腿，甩开双臂，就可以达到锻炼身体、去除赘肉的目的，当然，减少赘肉的目的绝不是一朝一夕就可达到的，要长期坚持运动，且不可半途而废，才能真正达到减脂的目的。

第三，快走通过脚与地面的作用力，可以增加骨密度，增加关节周围韧带的力量，增加关节的稳定性和灵活性。

第四，快走时保持正确的姿势，可以保持脊柱的伸展，能有效消除因久坐对身体脊柱带来的各种危害。作为一项易于开展的有氧运动，快走对预防糖尿病、心脏病、骨质疏松症以及某些癌症，都具有良好的效果。

第五，快走简单安全，能健身防病，锻炼后往往能使人精神愉快，身心舒畅。不仅能有效减缓精神压力对人体健康的影响，而且对促进睡眠也有积极的作用。

(二) 适合人群

适合于下肢关节无疾病、无疼痛的人群，特别是超重和肥胖人群，以及心肺功能较弱的人群（图 3-2）。

(三) 场地与环境要求

快走不宜在公路边进行，一是因为公路上车流量大，空气质量差，易对呼吸系统造成伤害，二是柏油或水泥路面过于坚硬，容易对膝盖和脚踝造成较大的冲击。快走适宜在松软、平整的土路、健身步道和塑胶操场等地方进行。此外，公园和自家小区也是不错的选择，因为这些地方空气质量较好，在运动时，可以保证呼吸系统不受过多的伤害。

(四) 主要注意事项

第一，准备一双合适的跑鞋和一身宽松舒适、透气性好的运动服。避免穿硬底鞋和紧身服装。最好带一瓶水，在运动过程中可少量多次地补充水分；糖尿病患者最好随身带块糖，可在需要时补充，防止出现低血糖的情况。

第二，由于快走有一定的运动强度，运动前可通过慢走或适度拉伸等方式做些准备活动，让身体提前适应，运动结束后也最好能通过慢走和拉伸等方式做一定量的放松运动，时间在 5 分钟左右。

第三，快走时若出现下肢关节的疼痛应及时停止，待疼痛消失后，适当加强下肢肌肉的力量训练，纠正错误的快走姿势，再进行运动。

第四，最好不要在睡前进行快走。另外，快走一般会出汗，在温度较低的情况下，要注意在出汗后及时更换衣服，防止受寒。

三、慢跑

慢跑就是以较慢的速度进行跑步，以自己感觉跑得轻松自在为前提，是一种不受限制的跑，是一种轻松愉快的跑。慢跑的运动强度稍大于快走，慢跑需要更加合适的运动环境和氛围，这项运动一般不在日常生活中出现。慢跑也是一项简单易行的健身运动项目，一旦形成习惯即可长期坚持。慢跑要注意正确的姿势，防止因姿势不正确导致的各种损伤。慢跑的速度一般根据自身的体能状态自行确定，一般情况下健康成人每小时跑8~12千米，老年人、肥胖者、慢性病人每小时跑6~8千米为宜（图3-3）。

图3-3 慢跑的项目内容和适合人群

（一）健身价值

慢跑是一项中等强度的有氧运动项目，能够有效增强心肺功能、增强体质、减脂塑形，使人心情舒畅。

第一，慢跑对锻炼心肺功能颇有好处，能增强心脏的收缩力、血管的弹性，可使肺活量明显增加、通气功能增强，促进血液循环。对预防和治疗冠心病、高血压等均有一定的益处。

第二，经常慢跑有助于增强下肢肌肉组织的力量和耐力，使其更好地起到支撑下肢关节的作用，慢跑也能有效防止骨量的流失，慢跑前后的拉伸也能增强人体的伸展性，从而促进健康水平的提升。

第三，慢跑的运动强度适中，可较长时间进行，因而能更多地燃烧脂肪。对于肥胖或超重的人群来说，慢跑是一种有效的瘦身手段。

第四，慢跑时，人体脑垂体可分泌出一种"快乐激素"，让人情绪高昂、精力充沛，从而抑制不良情绪与压力对身体的负面作用。

第五，慢跑的习惯养成是良好生活态度的表现，因而慢跑也是塑造良好性格和生活习惯的有效路径。

（二）适合人群

适合于下肢关节无疾病、无疼痛的人群。特别是超重和肥胖人群，以及心肺功能较弱、久坐办公室的人群（图3-3）。

（三）场地与环境要求

慢跑的场地要求相对于快走要低一些，要求平整、开阔。理想的选择是运动场的塑胶跑道和健身步道的塑胶路面。

（四）主要注意事项

第一，跑步最好穿着跑步鞋，同时准备透气、吸汗的运动衣裤。最好带一瓶水，运动中或运动后及时补充水分；糖尿病患者最好随身带块糖，防止因低血糖发生意外。

第二，慢跑开始前适当进行准备活动，缓慢地拉伸一下肢体，使全身肌肉放松，并使心跳和呼吸适应运动的需要。慢跑结束后不宜马上停下来，而应缓慢步行或原地踏步做些拉伸性放松整理活动，使身心逐渐恢复平静。

第三，对于体质较差或以前缺乏锻炼的人群，可先采取走、跑交替的方式，待逐渐适应后再进行全程慢跑。跑步的距离宜由近到远，速度由慢到快，以自觉全身舒畅为度。

第四，如遇雨雪、大风天气或因其他原因不能外出锻炼时，可在室内进行原地跑步锻炼。

四、快跑

快跑是一种运动强度较大的健身方式，要求参与者尽自己最大的努力奔跑，是一种追求速度，超越身体极限的健身方式。快跑可采用间歇性快跑、重复性快跑等形式（图3-4）。

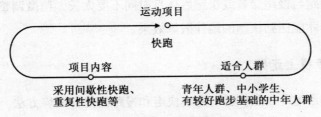

图3-4 快跑的项目内容和适合人群

（一）健身价值

快跑是一项大强度的无氧运动项目，会使心跳加快，使肌肉快速收缩，对提高人的速度素质，促进人体微循环，锻炼肌肉力量与爆发力均有积极作用。

第一，快跑能提高肌肉力量和爆发力，增强人体耐受缺氧的能力，提高肌肉的收缩速度，从而提高人的速度素质。

第二，快跑极大地加快了人体的血液循环，使人在运动中和运动后血流加快，能充分促进人体的微循环。

第三，快跑通过打破人体内环境的平衡，提升人体对体内环境变化的适应性。快跑还能刺激中枢神经系统，使其保持活力。

（二）适合人群

适合青年人群和中小学生。中年人群如有较好的跑步基础也可采用快跑的方式进行健身锻炼（图3-4）。

（三）场地与环境要求

快跑一般可选择塑胶田径场，主要是方便控制跑步距离。也可在车辆相对较少的公路上进行。

（四）主要注意事项

第一，跑步最好穿着跑步鞋，同时准备透气、吸汗的运动衣裤。最好带一瓶水，运动中或运动后及时补充水分。

第二，快跑开始前一定要做好适当的准备活动，特别是下肢关节的预热活动，使全身热起来，并使心跳和呼吸适应运动的需要。跑程结束后不宜马上停下来，应做些拉伸性放松整理活动，使身心逐渐恢复平静。

第三，快跑与慢跑交替或快跑后休息时间不要太长，稍微调整后就进行下一次快跑，这样才能达到快跑的最佳锻炼效果。

五、跑步机上走跑

跑步机上走跑即在跑步机上完成快走和慢跑的健身锻炼方法。快走和慢跑的姿势要求身体正直，手臂自然摆动，走和跑过程中膝关节稍微弯曲，腰部肌肉适度紧张。从每小时 3～4 千米的速度开始，逐渐提升，直到达到预定的速度（图 3-5）。

（一）健身价值

在跑步机上快走或慢跑是一种方便控制运动速度的锻炼方法，其健身价值与场地快走和慢跑的健身价值一致，主要是增强心肺功能、消耗多余能量、增强肌肉力量和耐力、调节心理状态等。

第一，在跑步机上快走和慢跑，需要动用大量的肌肉参与活动，使下肢肌肉的活动增加，肌肉的力量和耐力增强。运动时血液循环加快，能有效提高心肺功能水平，大量消耗能量，起到减脂的作用。

第二，长期在跑步机上快走和慢跑，能调节人体内分泌系统，起到减缓压力、调节心情、提升精神健康水平的积极作用。

（二）适合人群

适合所有无下肢关节疾病与疼痛、无腰部疼痛的人群（图 3-5）。

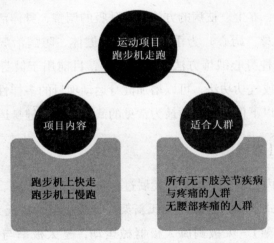

图 3-5　跑步机上走跑的项目内容和适合人群

（三）场地环境要求

无论是在专业健身场所还是在家里，跑步机均应该安置在稳定的地面，且周围应有一定的平地空间，最好置于通风较好的地方。如果跑步机上没有紧急制动装置，跑步机两边要留有安全空间，确保能从边上及时跨出，防止意外摔跤。

(四) 主要注意事项

第一，在跑步机上快走或跑步，最好穿上跑步鞋，以减小震动和冲击力，同时应着运动衣裤。

第二，速度的调节方式因人而异，一般一个速度维持2～3分钟，适应后再递增。

第三，高龄者、精神病患者和平衡能力较差者都不宜使用跑步机健身。

第二节 | 武术与气功健身运动项目

武术是以中华文化为理论依据，以技击方法为基本内容，以套路、格斗、功法为主要运动形式的传统体育项目。主要包括功法运动、套路运动、搏斗运动，在健身运动时主要选择套路作为练习手段进行单练、对练、集体演练。气功是一种中国传统的保健、养生、祛病的方法，以呼吸的调整、身体活动的调整和意识的调整（调息、调身、调心）为手段，以强身健体、防病治病、健身延年、开发潜能为目的的一种身心锻炼方法，功法繁多，目前用于健身的主要是健身气功。习练武术项目或气功功法，可以增加健身运动项目的多样性，对于防病治病具有积极的作用。以下仅介绍几项最为常见的武术与气功健身运动项目。

一、太极拳（太极剑）

太极拳是一种内功拳，太极拳在发展过程中逐步形成了陈、杨、吴、武、孙五大流派，七种架式（陈氏老架、陈氏新架、陈氏小架、杨氏大架、武氏小架、吴式中架、孙氏小架）。太极剑属太极器械运动，是太极拳与剑法结合的产物（图3-6）。

(一) 健身价值

太极拳与太极剑总体的运动强度较小，在提升运动功能方面的作用有限，但在提升平衡能力、改善神经系统功能、增强身体协调性等方面具有较好的价值。

第一，促进血液循环，增大肺活量。练习太极拳或太极剑时，机体的运动加强了血液及淋巴液的循环，减少了体内的淤血现象。练习时要求气沉丹田，呼吸的加深，促进了冠脉循环，加强了心肌的营养。

第二，具有健美作用。太极拳或太极剑的顶悬、沉肩坠肘、含胸拔背、松腹开胯、敛臀等身法要求，加上在练习时的腰部旋转，使练习者的全身肌肉得到充分锻炼，有助于保持良好的体形。

第三，提高骨密度，防止骨质疏松。练习太极拳或太极剑时，常常以一条腿支撑全身的重量，腿部受力增加，骨质的含钙量也会增加，骨骼就变得很坚固了。

第四，要求意念、动作、呼吸三者密切结合，经常练习太极拳或太极剑可以使神经系统受自我意念的控制能力得到提高，神经系统的均衡性、灵活性以及传递信息的速度和正确性可以提高，从而改善神经系统功能。

（二）适合人群

适合所有人群，但由于运动强度相对较小，需要提高身体素质的人群，则应增加其他类型的健身运动项目。对于心肺功能薄弱者、神经衰弱者、消化不良者，太极拳（太极剑）是最好的健身运动项目之一（图3-6）。

图3-6 太极拳（太极剑）的项目内容和适合人群

（三）场地与环境要求

太极拳或太极剑对场地要求较低，理想的选择是平坦松软的草坪、木质地板场地等，但对环境的要求较高，由于太极拳或太极剑要求较大的呼吸深度，同时要求用意入静，因此在安静、空旷、空气质量好的环境里练太极拳或太极剑才能达到健身的效果。

（四）主要注意事项

第一，在练习的时候一定要注意动作规范，各种基本技术动作要做到起点准确，运行路线清楚，止点到位，动作连贯，上下相随，手眼配合，从而使身法自如。

第二，健身过程中，很多姿势、动作会让膝关节承受压力，因此，膝关节有问题的人不宜进行该项运动。

二、木兰拳（木兰扇、木兰剑）

木兰拳（木兰扇、木兰剑）是流传于我国民间的、历史悠久的一种武术健身运动，以阴阳两气合理运动为理论依据，是一种"动功"与"静功"互相结合的养身之术，在动的过程中，练习者随着美妙的音乐旋律，意守拳路，精神贯注，心境"入静"。与太极拳截然不同，它大起大落，刚柔相济，以音乐为灵魂，具有强烈的音韵和身韵特征，更接近于舞蹈。木兰扇是在木兰拳的基础上，手持扇子完成拳术套路演练的运动；木兰剑则是木兰拳与剑法结合的产物。木兰拳（木兰扇、木兰剑）全套分为六路：一路（徒手）、二路（徒手）、三路（单扇）、四路（单剑）、五路（双扇）、六路（双剑）（图3-7）。

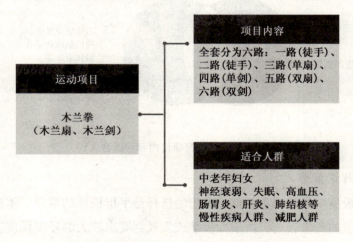

图 3-7 木兰拳（木兰扇、木兰剑）的项目内容和适合人群

（一）健身价值

第一，要求人体处于放松状态，能有效消除大脑的疲劳，修复和改善中枢神经功能，坚持练拳可使大脑不断地得到调整平衡，也可促进身体各部分的新陈代谢，使练习者气血旺盛、精神爽朗、反应敏捷。

第二，研究和实践证明，木兰拳对神经衰弱、失眠、高血压、肠胃炎、肝炎、肺结核等慢性病具有积极的治疗和预防作用；同时，在治疗腰部疾病方面效果显著。

第三，对中老年妇女的平衡能力的提升具有积极意义。

（二）适合人群

由于其项目特点，木兰拳（木兰扇、木兰剑）适合中老年妇女习练，尤其适合有减肥与健身需求的人群（图3-7）。

（三）场地与环境要求

木兰拳与太极拳一样对场地要求较低，理想的选择是平坦松软的公园草坪、空旷场地及体育馆的木质地板场地等，但对环境的要求则较高。由于木兰拳要求用意入静且有音乐伴奏，因此，在安静、空气质量好的环境中练习才能达到健身的效果。

（四）主要注意事项

第一，在练习的时候一定要注意动作规范，姿势正确，呼吸和动作要配合得当，逐步做到形、意、气、劲协调一致，尤其注意吐纳之气和阴阳两气合理运用。

第二，练习时要遵守轻松、自然、舒适的原则，动作保持连贯，每次练习以微微出汗为宜，时间允许者，每天可练习一次。

第三，在练拳之前，需要进行10～15分钟的准备活动，使关节、韧带活动开来。

三、八段锦

健身气功八段锦是我国民间流传的以八节动作组合而成的保健操，八段锦有坐八段锦、立八段锦、北八段锦、南八段锦、文八段锦、武八段锦、少林八段锦、太极八段锦之别（图3-8）。

（一）健身价值

第一，通过肢体的伸展、屈曲和肌肉的收缩、放松，疏通经络，促进了脏腑气血的运行，可强身健体。其动作特点决定了习练八段锦对人体内脏和经络有较多有益作用。

第二，具有活动颈、肩、腰、膝等关节，增强颈部肌肉和颈椎活动能力的作用，预防颈椎病。

第三，对消除中枢神经系统疲劳、改善高血压和动脉硬化、增进肠胃蠕动等方面具有重要价值。

（二）适合人群

八段锦运动老少皆宜，尤其适合体质较弱的中老年人和慢性病患者，例如患有神经衰弱或心血管系统、呼吸系统、消化系统等慢性病的人群。另外，亦适合肌肉不发达、姿势习惯不良的青少年（图3-8）。

运动项目：八段锦

项目内容：坐八段锦、立八段锦、北八段锦、南八段锦、文八段锦、武八段锦、少林八段锦、太极八段锦

适合人群：体质较弱的中老年人和慢性病患者，肌肉不发达、姿势习惯不良的青少年

图3-8 八段锦的项目内容和适合人群

（三）场地与环境要求

最好在安静的、空气新鲜的环境里进行练习，在有树木的地方练习效果更佳。

（四）主要注意事项

第一，要根据自身条件灵活选择练法（单人或组合），以便长期坚持。练习

时稍感不适，即应停练，稍感疲倦，即应休息。练功时间最好以清晨为主，晚间为辅。

第二，刚吃完饭后，不宜即刻行动，宜在饭后半小时至一小时进行。心有急事，不可勉强练功。电闪雷鸣，气候过于恶劣，也不宜练功。患急病时，不可练功。

第三，练功要留有余地，循序渐进，切莫好高骛远，追求奇效。

四、易筋经

易筋经是我国民间广为流传的一种运动健身方法，易筋经的"易"是改变的意思，"筋"指筋膜和肌肉，"经"可作常法解，易筋经是一种可将萎弱的筋膜肌肉变得强壮结实的运动养生方法。易筋经有预备式、十二正势、结束式（图3-9）。

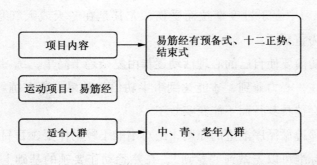

图3-9　易筋经的项目内容和适合人群

（一）健身价值

第一，大量实践证明，易筋经可以改善内脏功能，增强肌肉力量，保养四肢关节，使周身血脉流畅。

第二，具有增进中老年健康水平、延缓衰老进程和优化人体生命整体状态的显著效果。

第三，对改善练功者的心理有着积极的作用。可以降低练功者的焦虑和抑郁程度。

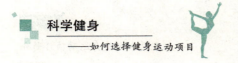

科学健身
——如何选择健身运动项目

（二）适合人群

易筋经适合中、青、老年人群习练。针对个别难度较大的动作，不同健康水平的人群可以通过不同的动作幅度和调息次数来适应（图3-9）。（高血压患者、脑动脉硬化患者则不宜练习）

（三）场地与环境要求

练功的场所要选择空气流通，光线良好，地面平整，安全性较高的地方，天气状况良时，尽量选择户外让身心觉得舒服的地方。练习地点不必固定不变，可根据天气、身体状况等进行调整。

（四）主要注意事项

第一，应做好习练前准备，例如，穿上合适的服装（最好是宽大、有弹性的），排除二便（不要忍便习练）。

第二，要做好准备活动，如压腿、踢腿、活动各关节，给身体做好"预热"，以免在练习中由于过度牵拉而受伤，尤其是在冬天或天气寒冷的情况下，准备活动就更为重要了。

第三，练功前要使自己的心理活动逐步由复杂趋于简单，练习时要做到眼随手走，神贯意注，心力兼到，才能达到事半功倍的效果。若在练习中神散意驰，形意不合，就会徒具其行而不能获实效了。

第四，必须遵循循序渐进的原则，绝对不能不顾动作要领盲目练习。有些动作暂时达不到标准可以先做到"意到"，在熟悉动作要领的基础上再逐步达到标准动作的要求。

第五，练习者要遵守持之以恒的原则，此运动贵在坚持，有条件者若每天坚持练习，往往能达到事半功倍的效果。

第三节 | 游泳与滑行健身运动项目

游泳和滑行都是借助一定的介质进行的身体活动，游泳在水里完成，滑雪在雪地完成、滑冰在冰上完成、滑板和轮滑在地面上完成。运动过程中，各种介质使得这些健身运动项目的技术相对复杂，不易掌握，但这也使得这些健身运动项目具有较高的健身价值。这些健身项目都可以通过改变速度来调节运动强度的大小。

一、游泳

游泳健身按常见的泳姿可分为蛙泳、仰泳、自由泳、蝶泳等几种形式，有时也指"狗爬"、踩水、潜泳、水上游戏等。游泳从运动技术角度看属于周期性运动，由于水介质的存在，其技术学习还是有一定的难度。一般的健身游泳多为有氧运动、耐力运动、个人运动（图3-10）。

图3-10　游泳的项目内容和适合人群

（一）健身价值

与跑步相比，由于水介质的特殊性，游泳对于一些肥胖、下肢有疾患等人群具有更好的健身价值。

第一，有利于促进静脉血液回流，提高心排血量。游泳时身体几乎呈水平状态，这一姿势加之水对人体的静水压，非常有利于静脉血液的回流。游泳的速度和姿势不同，运动强度差异很大，对心血管机能的影响差异也较大。

第二，不易受伤，减轻对膝、踝关节的磨损。游泳时水对身体有浮力，克服了身体支撑体重的负担，使人能自由地调节肌肉力量，一般不易受伤。

第三，愉悦心情。游泳时水流和波浪对身体表面的摩擦和冲击，产生了水对人体的"按摩"效应，能对游泳者产生良好的刺激，使其心情愉悦。

第四，低水温能提高人体的能量消耗，增强对冷环境的适应能力。游泳时水温一般低于空气温度，使人体产生额外的能量消耗，具有较好的减肥效果。低水温可以使人对寒冷刺激迅速产生反应，长期低水温游泳可增强人体对冷环境的适应能力。

（二）适合人群

适合绝大多数的健身运动人群（图3-10）。（高血压患者和呼吸系统疾病患者一般不宜游泳。癫痫患者、中耳炎患者、急性结膜炎，即"红眼病"的患者不宜游泳。另外，患有某些心脏疾病的人不适合游泳，例如，患有紫绀型先天性心脏病、严重的冠心病、风湿性心脏瓣膜病、严重的心动过速以及心律失常等疾病的人群都不适合游泳。某些皮肤疾病患者不适合游泳，例如，患有传染性皮肤病的人很容易通过水的介质把病菌传播给他人，而泳池水中的病菌又会加重皮肤疾病。常见的传染性皮肤疾病有足癣、淋病等。处于经期、已经怀孕的女性不适合游泳）

（三）场地与环境要求

游泳作为健身项目最需要注意的是安全与卫生，最好选择专门的游泳场所进行锻炼，千万不能在水流湍急、运输繁忙和受污染的水域进行游泳，在温度较低的游泳池游泳需要注意运动时间不要太长。

（四）主要注意事项

第一，忌饭前饭后游泳。空腹游泳会影响食欲和消化功能，也会使人在游泳中发生头晕乏力等意外情况；饱腹游泳亦会影响消化功能，还会使人产生胃痉挛，甚至呕吐、腹痛现象。游泳后不宜马上进食，应休息片刻再进食，否则会突然增加胃肠的负担，久之容易引起胃肠道疾病。

第二，忌剧烈运动后游泳。剧烈运动后马上游泳，会加重心脏负担；体温急剧下降，会使抵抗力减弱，引起感冒、咽喉炎等。

第三，忌在不熟悉的水域游泳。在天然水域游泳时，切忌贸然下水。凡水域周围和水下情况复杂的都不宜下水游泳，以免发生意外。

第四，忌长时间曝晒游泳。长时间曝晒会产生晒斑，或引起急性皮炎，亦称日光灼伤。为防止晒伤，上岸后最好用伞遮阳，到有树荫的地方休息，用浴巾披在身上保护皮肤，或在身体裸露处涂防晒霜。

第五，下水前必须做充分的准备活动，否则易导致身体不适。另外也不要在水中停留太久，以免体温下降过多，导致血流缓慢，出现抽筋，甚至昏迷等现象。

二、滑雪

滑雪运动是把滑雪板装在靴底上，在雪地上进行的有一定速度、跳跃和滑降的身体移动运动。滑雪是一项动感强烈、刺激的体育运动。大众健身运动中的滑雪一般是指旅游滑雪，即出于娱乐、健身目的的滑雪，受人为因素制约程度很小，男女老幼均可轻松、愉快地饱享滑雪运动的无穷乐趣。目前滑雪是人们节假日休闲娱乐的理想项目之一，它被游人喜爱的原因是运动的同时可以远离城市的喧嚣和污染，置身雪山林海，达到舒缓身心的目的。在野外赏雪、玩雪、踏雪、滑雪，可以充分享受冬季大自然"银色世界"给人带来的无穷乐趣。

（一）健身价值

第一，提升身体的各项运动功能。滑雪是一项全身的运动，能够对神经系统进行全方位的锻炼和提高。在给人带来速度享受的同时，也锻炼了人的平衡能力、协调能力和柔韧性。滑雪的实质就是掌握平衡的过程，在重心的不断切换中找到平衡点，这样才能做出漂亮的动作。滑雪对于人体的头、颈、手、腕、肘、臂、肩、腰、腿、膝、踝等，几乎所有的关节，都能起到比较好的锻炼作用，激活僵硬的身体，使得身体各关节的灵活性增强。

第二，增强心肺功能。滑雪和跑步、游泳一样都属于有氧运动，能够增强心肺功能。特别是快速滑雪，对于心肺功能的锻炼作用是显而易见的，在室外滑雪时锻炼效果尤为突出。

第三，缓解"冬季抑郁症"。有的人到了冬天，就会变得忧郁、沮丧、易疲劳、注意力分散、工作效率下降等。常年在室内工作的人，特别是那些体质较差或极少参加体育锻炼的脑力劳动者和对寒冷较敏感的人，比一般人更容易产生"冬季抑郁症"。室外滑雪是缓解"冬季抑郁症"的好方法，尝试了"滑雪解忧"的人每次滑完都感觉心里卸下了沉重包袱，特别是快速滑下的时候，那种轻松感是无法用言语形容的。

（二）适合人群

滑雪运动适合大多数人群，特别是青少年和没有身体疾患的成年人（图3-11）。（不建议老年人、骨质疏松症、高血压、冠心病等疾病患者滑雪健身）

图3-11　滑雪项目适合人群

（三）场地与环境要求

滑雪需要专门的滑雪场、滑雪装备，并且出于安全性的考虑，对初学者使用的滑雪场地坡度、宽度、距离等均有较为严格的要求。初学者在选择滑雪场地时，坡度不能太陡，6度左右最好，滑雪道要宽，50米左右为宜，要有乘坐式索道来运送滑雪者（牵引式索道不利于滑雪者休息），雪质要好，要有大型雪道机对雪面进行修整和保养。

（四）主要注意事项

第一，滑雪运动对心肺功能要求很高，因此有氧训练必不可少，锻炼者要掌握运动强度，避免过度劳累。初学者尤其应注意循序渐进，量力而行，注意休息。

第二，滑雪需要注意防冻伤，但穿多了易出汗，导致感冒等发生，因此滑雪的服装要注意透气，有一定的厚度。

第三，滑雪的安全性很重要，除了要注意一些错误动作造成的运动损伤外，还要注意紫外线对人体皮肤的伤害、雪反射阳光对眼睛的伤害，因此需要注意防晒，戴好墨镜。

第四，在滑雪场滑雪切记不要擅自滑出滑雪场界线。滑雪时不要打闹，宁可摔倒，也不要发生碰撞，碰撞是很危险的。

三、轮滑

轮滑运动，原称为"溜旱冰"或"滑旱冰"，是一项融健身、竞技、娱乐、技巧、艺术、休闲于一体的体育运动项目。轮滑是一项极易掌握的体育运动，任何人都能很快地学会它，但对很多人来说，初次接触轮滑时，心理上会产生一种畏惧感——担心摔跤。其实，只要掌握一些简单的轮滑方法和技巧，就能把这项运动变得充满乐趣。

（一）健身价值

第一，轮滑运动可有效地改善和提高运动者的中枢神经系统功能，提高呼吸系统、消化系统、血液循环系统等内脏器官的功能，能够全面协调和综合发展人体的速度、力量、耐力、灵敏性等各方面素质，特别是对青少年的身心发展具有积极作用。

第二，轮滑对增强身体四肢的肌肉力量和关节的灵活性，对小脑的发育，以及平衡能力的提高都有很大的帮助

第三，对于处在生长发育阶段的儿童，轮滑运动能够锻炼其身体，帮助孩子长高，促进腿部骨骼的生长，加快腿部血液循环，同时放松孩子的心情。轮滑也属于高强度的有氧运动，通过消耗大量的氧气加速燃烧脂肪，是运动减肥的一项较好的运动项目。

第四，积极的心理效应，轮滑是具有休闲和健身双重作用的运动，与其他运动相比，有一定的趣味性和观赏性，可以很好地排遣压力、愉悦心情、放松神经。学习轮滑，或多或少都是会跌倒的，学习者在跌倒和爬起来的过程中，能够产生一定的抗压性。

（二）适合人群

主要适合儿童、青少年，身体协调性较好的成年人也可进行轮滑健身（图3-12）。（协调性和平衡能力一般的成年人或没有基础的老年人则不宜进行轮滑健身）

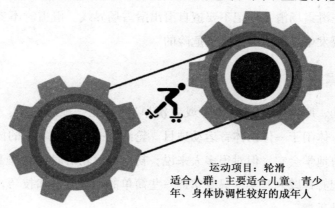

运动项目：轮滑
适合人群：主要适合儿童、青少年、身体协调性较好的成年人

图 3-12　轮滑项目适合人群

（三）场地与环境要求

轮滑对场地的平整性、空旷性有一定的要求，平整的水泥地、沥青路面、体育馆的木板地等均可。轮滑对周围环境的要求主要以安全性为主，没有护栏的河边、车流行驶的公路，以及人员密集的场所，均存在各种危险，应予以避免。另外，轮滑需要有必要的护具，如头盔、护膝、护肘等。

（四）主要注意事项

第一，开始轮滑健身前，适当的身体平衡训练和跌倒后的支撑训练是非常重要的。同时，要做好准备活动，做到充分热身。

第二，初学者刚开始练习时，最好由教练或会轮滑的人陪同。

第四节 | 其他个人健身运动项目

除了以上三大类健身运动项目外，还有一些单人的健身运动项目也被广泛采用，以下主要介绍骑自行车、瑜伽、登山和力量器械运动四个健身项目。

一、骑自行车

骑自行车的运动形式主要分为两种：一种是骑固定的自行车（功率自行车），通常在健身房或家庭环境中进行；另一种是骑移动的自行车，包括作为交通工具的自行车、休闲健身专用的自行车（山地车）等。骑自行车属于周期性运动，技能相对简单，动用的大肌肉群较多，因而具有较高的健身价值（图3-13）。

（一）健身价值

第一，锻炼腿部肌肉，提高关节灵活性。骑自行车需要克服各种阻力，能有效地锻炼腿部肌肉，提高双腿力量和耐力。同时能使髋关节、膝关节和踝关节等关节部位得到充分活动，提高关节部位的灵活性。

第二，促进血液循环，增强心肺功能。在骑行过程中，下肢血液供应多，心率变化也会跟着踩踏动作的速度变化而有所改变，长期的锻炼能增强心肌收缩力，增强血管壁的弹性，从而起到提高心肺功能的效果。

第三，加快能量消耗，有助于减肥瘦身。骑自行车属于有氧代谢运动，由于下肢大肌群持续运动，能大量消耗热量，具有燃烧体内多余脂肪的作用。

第四，提高平衡能力和视觉判断能力。移动骑行需要人体控制自身的肌肉活动，以驾驭自行车并保持平衡，能较好地提升人体感觉平衡的能力。在开阔的空间骑行，还能锻炼人对路况的判断能力，从而增强人体视觉与运动中枢的协调功能。

第五，休闲健身，促进心理健康。以骑自行车代替开车出行，可以达到健身的目的，同时对比步行所至范围广，因此骑行可以看到更多的风景，拓宽了人们休闲娱乐的范围，有助于调节心情，减缓压力，促进心理健康。

（二）适合人群

功率自行车适合没有时间或者习惯于健身房锻炼的人群，骑行则是一项老少皆宜的健身运动，尤其是对于离目标距离不远的学生、上班族，骑行既解决了交通问题又起到了健身作用。越野或山地骑行则主要适合青少年（图3-13）。（骑行对于下肢关节有疾患，平衡能力有障碍的人则不适合）

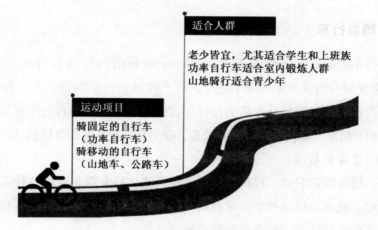

图3-13　骑自行车的项目内容和适合人群

（三）场地与环境要求

不同的骑行形式对场地的要求差异较大。骑功率自行车在室内进行，由于运动容易出汗，需要注意环境的通风。一般自行车的骑行，则对道路的要求较低，显然选择自行车专用道进行骑行更为安全。越野和山地骑行本身就是挑战性健身项目，对场地没有特别要求。

（四）主要注意事项

第一，需要选购一辆质量过关的自行车，确保刹车系统、驱动系统等运行良好，以免在骑行中出现意外状况。

第二，可以加入骑行俱乐部，这样有更多与同好交流的机会，而且可以结伴出行，更加热闹有趣。

第三，越野或山地骑行除了自行车外，最好配备骑行头盔、骑行眼镜、骑行运动口罩、骑行袖套、骑行手套、骑行背包或腰包、骑行裤及车载小型打气筒等装备。

第四，越野或山地骑行要注意自身身体情况，身体状况不好的时候，不要进行长距离骑行，或者长爬坡骑行，以免出现意外。

二、瑜伽

瑜伽是一项有着5 000年历史的关于身体、心理以及精神的练习，起源于印度，其目的是改善身体和心性。由于对形体塑造与气质提升具有积极作用，引入我国后受到了中青年女性的青睐，成了一项流行和时髦的健身运动项目（图3-14）。

（一）健身价值

瑜伽种类较多，不同种类的瑜伽健身其主体的作用有较大的差异，目前流行的瑜伽健身方法主要有：自我精神放松的迈索尔瑜伽、献给准妈妈们的孕瑜伽、锻炼肌肉力量的哈达瑜伽、坚持体力练习的热瑜伽、感受呼吸能量的流瑜伽及放松关节压力的阴瑜伽。总结起来瑜伽健身具有以下健康价值。

第一，经常进行瑜伽健身，体内不会积存过多胆固醇和脂肪，有利于保持血压正常，使得心脏变得更健康。瑜伽的每一个姿势都能令身心畅通、提升或恢复元气，达到使人头脑冷静、情绪稳定的作用。

第二，瑜伽健身能使紧张的肌肉得到有效放松，并使关节和肌肉得到充分伸展，增强肌肉韧带韧性，因而能够改善肌肉和骨骼的状况，使得关节稳定性提高，具有保护脊柱、纠正不良体态的作用。

第三，长期瑜伽健身，包括姿势练习、调息方法练习及放松方法练习等，可预防很多疾病，尤其是糖尿病、高血压、饮食失衡、关节炎、动脉硬化、静脉曲张、哮喘等慢性病。

第四，长期瑜伽健身能使人减压养心，释放身心，平静心绪，改善不良情绪。还能使人气质优雅、体态轻盈。

（二）适合人群

瑜伽有多种健身方法，因而总体来说适合大多数人，尤其是中青年女性（图

3-14)。(不适合人群则有：大病初愈的人、骨质疏松的人、患有血液凝固障碍的人、患有脊椎滑脱症的人、情绪波动的人、患有癫痫的人、练习后关节疼的人、没有基础的中老年人、患有颈椎或腰椎疾病的人、患有心血管疾病或肥胖症的人)

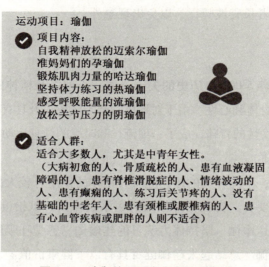

图 3-14　瑜伽的项目内容和适合人群

(三) 场地与环境要求

瑜伽健身是最不受场地限制的运动之一，只要有一个可以全身平躺的空间就可以了，但为了训练时的舒适感，建议选择一个安静、清洁、舒适、空气新鲜的地方，可以选择露天的自然地，目的是为了要保证自己在那里不会被任何事物打扰，以进入安宁平和的心境。在室内练习时，一定要注意空气流通。为了保证安全，不要在靠近家具、火炉或者任何妨碍练习的场所练习。要有一块平坦且较软的地面，最好是在瑜伽垫上面进行。如果没有瑜伽垫，可以选择在地毯、被褥或软垫上进行。不要在冰冷的地板上练习，因为地板太冷会使下半身发冷，导致肌肉紧张，同样，也不要在电风扇下练习。

(四) 主要注意事项

第一，准备活动暖身很重要。不要一开始就做高难度的动作，以免造成运动伤害。最好先做一些瑜伽暖身准备动作，循序渐进。

第二，瑜伽体式中有大量向前、向后弯曲脊柱的体式，这些弯曲超过一定的程度，就会造成脊椎骨对椎间盘的过度挤压，伤害椎间盘，造成椎间盘的退化甚至突出。一开始练习的时候，稍不注意就可能对脊柱造成损伤，加重颈椎、腰椎病变，所以把握自己可以承受的练习强度较为重要。

第三，瑜伽健身应随时遵循循序渐进的规律，不和他人攀比，健身时一定要保持呼吸的平稳和心态的平和，健身后应该感觉身心愉悦而不是身体酸累，甚至身心痛苦。

第四，瑜伽健身后最好休息一段时间再洗浴，健身后身体一般非常敏感，短时间内应避免忽冷忽热的刺激，从而保证体内能量有序流动。

三、登山

登山是人类通过自身的肢体活动达到登高目的的健身运动，包括了高山探险、攀岩、山地户外活动、徒步穿越等运动形式。健身运动中的登山，俗称爬山，是在低海拔地区进行的登高活动（图3-15）。

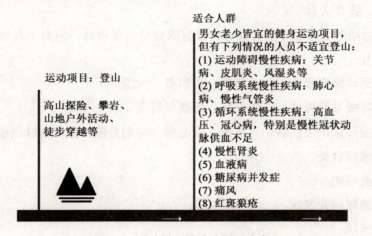

图3-15 登山的项目内容和适合人群

（一）健身价值

登山运动中人体参与活动的肌肉较多，且对肌肉活动的协调具有较高的要求，因而在促进人体新陈代谢、增强运动功能水平、改善精神状态等方面均有积极意义。

第一，加快新陈代谢，提高人体的环境适应能力。在不断攀爬的过程中，人体大量的骨骼肌被动用，提高了能量消耗，有助于增强肌肉功能、增强心脏泵血功能、增强肺通气功能，促进体内代谢产物的排出，提高人体对外界环境的适应能力。

第二，山间道路坎坷不平，穿行其间有益于改善人体的平衡功能，增强四肢的协调能力，尤其是没有经过人为修饰的非台阶路段，可使人体肌纤维增粗、肌肉发达，增强肢体灵活度。

第三，登山可以减轻人的心理压力，调节紧张情绪，能改善生理和心理状态，恢复体力和精力，使人精力充沛地投入学习、工作。登山健身可以陶冶情操，充分发挥个体的积极性、创造性和主动性，从而提高其自信心，使个性在融洽的氛围中获得健康、和谐的发展。另外还可以培养人的团结、协作及集体主义精神。

（二）适合人群

健身运动的登山是一项男女老少皆宜的健身运动项目，但有下列情况的人员不适宜登山：

（1）运动障碍慢性病：关节病、皮肌炎、风湿等。

（2）呼吸系统慢性病：肺心病、慢性气管炎。

（3）循环系统慢性病：高血压、冠心病，特别是慢性冠状动脉供血不足。

（4）慢性肾炎。

（5）血液病。

（6）糖尿病并发症。

（7）痛风。

（8）红斑狼疮。

患有上述疾病者如果执意要爬山，请记住一定要慢爬，而且不必强求登到山顶（图3-15）。

（三）场地与环境要求

登山健身自然地要求有山地环境，一般把开发过的山丘作为登山的选择，较陡峭的山最好有台阶。登山最好选择环境优美的山进行攀爬，既能达到健身的目的，又能愉悦心情。

（四）主要注意事项

第一，爬山前要了解自己的身体状况，特别是心血管功能、膝关节的功能等状况。由于老年人关节功能的退化，在走平地的时候可能没有什么感觉，但是在爬山的时候就会负荷过重，加重关节的退化，甚至使有些平时没有表现出来的关节的症状在爬山的时候表现出来。

第二，爬山的时间不宜选择早晨过早的时段，对一些老年人或者呼吸功能不是很好的人，早晨太早爬山本身并没有太大的益处。

第三，爬山是一项负荷很重的运动，在爬山的过程中容易发生负荷过大的情况，导致一些心血管疾病的突发。这对老年人来说，或者对所有爬山的人来说，都不是所谓的科学锻炼。

第四，登山健身者选择的鞋要合脚（最好为旅游鞋），不能穿高跟鞋，衣服要宽松（最好为运动服和休闲服）。要随身带一些水或饮料，以免山上没有水。天气不好时最好不要去爬山，以免发生危险。下山时不要跑着下山，以免收不住脚，发生跌倒等意外情况。

四、力量健身

力量健身可以分为无器械和有器械两种基本的运动形式，是快速增强人体肌肉力量、肌肉耐力、肌肉体积的最有效方法，小负重多重复的力量健身属于有氧运动，也能有效提高人体的心肺功能（图3-16）。

（一）健身价值

力量健身的健身价值主要取决于负重情况与实施形式，其作用不仅仅是增加肌肉的体积那么单一。

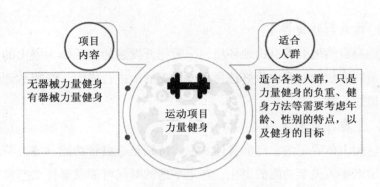

图 3-16　力量健身的项目内容和适合人群

第一，力量是各项身体素质的基础，也是日常生活活动行为得以完成的保障，同样也是人体运动能力的基础。力量健身的直接作用就是肌肉力量和耐力的增加，能够使人精力旺盛、体格强壮，从容应对生活、工作。

第二，力量健身也是有效减脂的手段，有些女性担心力量健身会使肌肉隆起，其实只要负重选择恰当，力量健身是较好的减肥手段，体内适度的肌肉质量增加能加快基础代谢水平，可预防体内脂肪的堆积。

第三，力量健身是强壮骨骼的手段，一般经过几个月的力量健身，人体骨骼中矿物质的密度就会显著增加，这对于防治骨质疏松症，具有非常重要的作用。

第四，力量健身也是防治腰背及关节疼痛的主要手段，加强腰背肌肉锻炼，能够显著减轻或消除该部位的病痛。力量训练还能缓解关节疼痛，增强关节功能，等等。

第五，对于中老年人来说，力量健身也是增强活力、提高自信心、预防肌肉萎缩、提升平衡能力的主要方法。

第六，中小负重的力量健身能够较好地提高心脏的泵血功能、增强肺通气量，减少外周血管的阻力，因而也能有效增强人体心血管机能、呼吸机能。

（二）适合人群

力量健身适合各类人群，只是力量健身的负重、健身方法等需要考虑年龄、性别的特点，以及健身的目标（图 3-16）。

(三) 场地与环境要求

力量健身根据实施的方式对场地设备等的要求差异较大，家庭、办公室、健身房都可以成为力量健身的场所。

(四) 主要注意事项

第一，力量健身的方法可以是动态的（俯卧撑、哑铃弯举等），也可以是静态的（靠墙半蹲、平板支撑），两者作用效果有所不同，若能将两者结合，则效果更佳。高血压、心脏病患者尽量不要采用静态的力量健身。

第二，根据目的恰当选择负重才能达到预期的健身效果。力量健身的负重决定了其效果，进行重复30次及以上的较小负重力量健身可以提高心肺功能，大约进行12次的较大负重可以增加肌肉体积，只进行5次以下的接近人体极限的负重可以增加绝对力量。

第三，力量健身的负重需要循序渐进，逐步增加，切不可操之过急，导致肌肉损伤。健身的顺序是先针对大的肌肉群进行训练，然后再针对小的肌肉群进行训练，同一肌肉群的健身最好隔天再重复。

第四，在进行较大负重与接近极限负重的力量健身前一定要做好准备活动（主要是热身）和整理活动（主要是拉伸），以防止受伤或将肌肉练得过于僵硬。

第五，力量健身由于消耗的能量较多，因而要注意健身后的营养，特别是需要补充一些蛋白质。

第四章
常见集体健身运动项目简介

第一节 | 球类健身项目

球类健身项目在技术上基本属于不固定运动技术项目，使得球类健身项目具有较强的趣味性和一定的挑战性，因而深受健身者（尤其是男性）的喜爱。同时球类健身项目一般多属于竞技球类项目，因而也是群众性竞赛活动的主要内容之一。三人制篮球、气排球、小场地足球、乒乓球、羽毛球和网球等是健身运动中最常见的项目。

一、三人制篮球

三人制篮球是在半个五人制篮球比赛的场地内进行的对抗性健身运动项目，不像五人制篮球那样要全场奔跑反击，大量消耗体力，三人制篮球具有游戏性、趣味性同时具有易组织、周期短、易普及、对抗激烈、运动负荷适度等特性，因而深受广大篮球运动爱好者的喜欢。

（一）健身价值

第一，三人制篮球运动属于非周期性运动中的不固定运动技术项目，与周期性运动比较，其运动技术动作复杂，人们通过身体的不同部位（手、足、头、躯干）直接与球接触的方法进行运动。三人制篮球运动的这种多变性，能够全面发展人的走、跑、跳等基本能力，使人的身体素质得以平衡发展。对抗能够提高人体感受器官的功能，提高分配和集中注意力的能力，时间、空间的感受能力和定向能力,提高中枢神经的灵活性以及协调性,改善其支配各器官的能力。

第二,三人制篮球作为对抗类运动,由于参与者身体在高速运动中频繁相互接触,对抗较为激烈,对增强肌肉力量,改善骨骼的密度,促进骨骼的生长,增强抗负荷的能力有显著作用。

第三,愉悦身心的功能。三人制篮球运动是双方个体或整体对抗的过程,一方的运动行为受对方的制约,由于比赛中的情况是千变万化的,因此,根本找不到完全相同的比赛过程。过程的不确定性直接决定了比赛结果的不确定性。这种不确定性可以使运动者全身心地投入三人制篮球运动之中。结果的不确定性允许了偶然性的存在,促进了竞争性的发展,使运动过程更具游戏性、趣味性。三人制篮球运动的过程就像是一个不断变化和创新的过程,运动者在篮球运动中可以不断体验创新的乐趣。

第四,促进人际交往,提高社会适应能力。运动中,我们会接触不同的人,不论是同伴还是对手我们都会接触到。生活的高效率让我们大大减少了与人交流沟通的机会,而篮球运动可以让不同性别、不同年龄、不同国籍、不同肤色、不同水平的运动者结合在一起,交流也好,适应别人也罢,总之,该运动可以促进人际交往,提高人的社会适应能力。

第五,丰富精神生活。随着物质生活水平与精神文化水平的不断提高,人们对精神文化生活的要求越来越高,篮球在满足身体需要的同时,也满足了人们对精神文化层面的追求。

(二) 适合人群

篮球运动具有对抗性特点,作为健身运动项目的三人制篮球主要适合具有一定篮球运动基础的男性健身者,年龄不限。而对于学生而言,不论男女均适合这项健身项目(图4-1)。

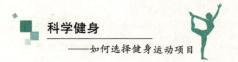

运动项目：三人制篮球

适合人群：该运动具有对抗性特点，主要适合具有一定篮球运动基础的男性健身者，年龄不限；对于学生来说，男女均可

图 4-1　三人制篮球适合人群

（三）场地器材要求

三人制篮球的场地要求为半个标准的篮球场地，或者按照半场比例适当缩小的坚实、平整的地面。需要 1 个球篮，男女成年组和男子初中以上（含初中）青年组球篮要求距地面 3.05 米，男子小学组、女子初中和小学组球篮要求距地面 2.8 米。男女成年组和男女初中以上（含初中）青年组可使用圆周在 75～78 厘米、质量在 567～650 克的球；男女小学组可使用圆周在 68～72 厘米，质量在 450～500 克的球。

（四）主要注意事项

第一，健身（尤其是比赛）前要做好热身运动，在打球前把指甲剪短，戴上护膝，以减小运动中的各种损伤。

第二，在抢篮板时，一定要注意看脚下的位置，不要踩空了，让膝盖和脚踝受伤。另外，尽量减少与对手的碰撞，如果无法避免，则要尽量增大身体的接触面，以相对较硬的部位进行碰撞。

第三，如果感觉三对三的对抗强度偏大，双方可以各增加 1 人，以减小各自的跑动距离、触球时间。另外，也可以多安排休息或者多队替换。

第四，运动中对手之间要做到相互尊重，同队队员要相互鼓励、不要埋怨、且要注重团队的配合，避免发生吵骂等不文明行为。

二、气排球

气排球是排球的衍生运动项目，参加运动的双方各有 5 名队员参加，以中间的球网为界，用彩色塑料充气球，运用传、垫、扣、发等各种技术进行攻防对抗以决胜负。与普通排球相比，气排球场地较小、球网较低，球较大而较轻，在空中飞行的速度较缓慢，容易控制。

（一）健身价值

气排球虽然技术相对简单，但仍需要传、垫、扣、发等排球技术的支持，其运动具有游戏性、趣味性、团队性等特点，对促进中老年人的身心健康均具有积极意义。

第一，气排球使排球运动的技巧性降低，比赛中球的飞行速度减慢，使传接球的次数增加，击球花样增多，能消除初学者对排球的恐惧感，因而大大提高了比赛的趣味性、吸引力和可观赏性；气排球的质地比较软，击球时不会使击球的手臂感觉疼痛，同时由于气排球运动所需的场地面积比较小，受运动场地的限制较小。

第二，经常参加气排球运动，可以提高有氧代谢能力，还可以增加呼吸的力量和耐力，推迟心血管系统的老化过程，增大心排血量，增强氧运输系统功能，提高肺通气量。

第三，气排球健身能使运动系统功能得到改善，其中表现明显的是扩大关节活动范围，特别是颈、肩和腰，长时间观察球的飞行路线、扣球和发球的挥臂都会充分活动各个关节，降低三大关节的肌肉僵硬程度；气排球基本技术动作包含大量跳跃动作，频繁的起跳有利于增强骨密度，减轻中老年群体骨质疏松症发病率。

第四，气排球运动能使神经系统功能得到改善，每完成一次技术动作都是全身协调运动的结果，肢体神经末梢受到反复刺激与大脑皮层中枢神经系统建立紧密联系，增强脑细胞供氧能力，提高脑细胞工作能力，同时机体的灵活性、协调性和平衡性得到调整，手、足、视、听综合反应能力得到提高。

第五，气排球运动是在休闲怡情、欢乐刺激的运动情景中展开的身体活动。气排球运动是一项隔网的对抗性运动，需要健身者积极、主动地投入对抗中，有目的地观察、记忆和想象，形成有效的气排球竞赛战术思维。战术思维能使参与者自身的技术水平、战术能力得到提高，大大增强自信心和自尊心，使个人充分感受到成功的快感，使生活中的不良情绪得到安抚。另外由于气排球运动负荷小、强度低，因此比赛时参与者的身体疲劳程度和比赛激烈程度较低，参与者心理压力小，氛围轻松愉悦，可以有效消除工作时产生的紧张情绪。

第六，气排球运动是一项团队项目，日常训练和比赛中参与者相互交流，增进情感，通过运动，将封闭的自我解放出来，消除隔阂，形成团队合作的良好心理定式。

（二）适合人群

气排球是在排球的基础上改良的运动项目，运动强度较小，趣味性很强，对抗性适中，因此，较适合体力一般但爱好运动的中老年人。随着气排球运动发展越来越成熟，它惠及的人群年龄有年轻化的趋势，很多青年人也加入了这项趣味运动，很多学校也把这项运动带进了体育课堂，甚至年龄较小的儿童也非常喜欢这项运动，使这项运动逐渐走进了普通百姓中，覆盖全年龄（图4-2）。

图4-2 气排球适合人群

（三）场地器材要求

气排球运动的场地长12米，宽6米（比普通排球场长宽分别少6米和3米），室内、室外均可；气排球由软塑料制成，比赛用球重约100～150克（约为普通排球的一半），富有弹性，手感舒适，圆周79～85厘米（比普通排球圆周长15～18厘米）；比赛网高男子2米，女子1.80米（比普通排球网高分别低0.43米和0.44米）。

（四）主要注意事项

第一，运动前需要热身，活动一下关节，伸展一下肌肉，才能有效地预防肌肉的拉伤，减少运动伤害的发生。运动后应放松，扭扭头，转转腰，抖动四肢，消除运动带来的疲劳。

第二，排球运动是跳跃运动，扣球、拦网，运动员必须不断腾空而起，挥臂击球。排球运动的急性损伤主要是在腾空落地、扣球、救球等过程中造成的肩锁关节损伤、肩袖损伤、指间关节扭挫伤和脱位、腰椎椎板骨折、膝关节副韧带损伤、半月板损伤、踝关节扭伤等。

第三，注意控制运动量和运动强度。自我感觉是重要指标，如果感到有点心跳加快、轻度呼吸急促且周身微热、面色微红、津津小汗，这表明运动适量；如果明显感到的心慌、气短、心口发热、头晕、疲惫不堪，表明运动过量。

第四，运动后要及时喝水，由于运动出汗，水分流失，应适时地补充水分，但不宜过多，毕竟运动后胃肠血液少、功能差，对水的吸收能力较弱。

三、小场地足球

小场地足球演变自竞技足球运动，主要包括五人制足球和七人制足球，在较小的场地比赛，使用较小的球门，甚至使用较小尺寸的足球，比赛时间缩短，可在室内或室外进行。因其组织形式简单，对场地的要求较低，深受足球运动爱好者的喜爱，是中小学生、中青年男性较多采用的健身运动项目。

（一）健身价值

小场地足球参与者接触球的机会多，每个人射门的机会多且一般比分较高、攻守转换的节奏快、实战能力要求较高且具有较强的竞争性，因而具有较高的健身价值。

第一，小场地足球以其竞技的趣味性深受广大足球运动爱好者的喜爱，具有强健体魄的锻炼价值。小场地足球运动能够有效改善大脑供血，增强神经系统的灵活性，有助于心脑系统功能的改善、增强免疫力、提高身体技能等。

第二，小场地足球具有娱乐价值，人们在参加小场地足球运动过程中可以享受到它带来的乐趣，每一次进球，每一次运球过人，都能使人津津乐道，回味无穷。

第三，小场地足球具有普及足球运动及传播其竞技技巧的价值，小场地足球对于足球运动的发展起着重要的推动作用，有助于人们了解足球，掌握足球竞技技术，提高足球竞技水平。

（二）适合人群

小场地足球适合有一定足球运动基础的人群进行健身，主要对象为大、中、小学生，以及中青年男性。由于运动强度相对较大，中青年男性中患有高血压、心脏病等心血管疾病的人群需要量力而行（图4-3）。

图4-3　小场地足球适合人群

（三）场地器材要求

以正规五人制足球为例，球场地面必须平坦，硬度适中，以不伤害运动员和不影响球的弹力为原则。一般球场长为40米左右，宽为20米左右；足球门宽3米，高2米（也有宽1.2米，高0.8米的球门）；比赛用的是4号球，周长在60～62厘米。

（四）主要注意事项

第一，小场地足球运动强度较大，尤其对于下肢的负荷较大，因此运动前要做好必要的准备活动，特别是下肢关节的活动要充分。结束后要做好整理运动，拉伸下肢关节，以尽快消除疲劳。

第二，参与者不要穿戴对自己或其他球员有危险的装备或饰品，包括带钉的鞋、珠宝饰物（项链、耳环、手表等）。

第三，在运动过程中，要努力保持准确的动作，动作不规范容易犯规，也容易伤害到自己或他人，增加运动损伤的风险，足球运动中容易发生一些冲撞，若受伤，应根据具体情况决定是否继续运动，严重者应及时处理或就医。

第四，由于运动强度相对较大，在运动过程中要及时补充水分，可以喝一些功能性饮料。

三、乒乓球

乒乓球运动从运动技术层面看是非周期性的运动项目，其基本技术有发球技术、接发球技术、推挡技术、攻球技术、弧圈球技术、搓球技术，掌握这些技术有一定的难度，但是由于乒乓球运动在我国较为普及，掌握乒乓球技术的人数较多，因此乒乓球运动在我国是一项较为常见的健身项目。

（一）乒乓球健身的价值

乒乓球运动在我国有着广泛的群众基础，被誉为"国球"，有着广泛的适应性，适合不同年龄、性别的人群，是一项能作为终身体育项目的运动。乒乓球运动是智能、技能、体能三者兼容，以智能为主的隔网对抗运动项目。其特点是球小、速度快、变化多、技巧性强、趣味性高，设备比较简单，不受年龄、性别和身体条件的限制，在室内外都可进行，运动量可大可小，形式灵活具有较高的锻炼价值。

第一，提高身体机能，全面增强身体素质。乒乓球运动的强度不大，但运动量并不小，能全面提高健身者的身体素质，尤其对灵敏性、协调性的提高特别明显。

第二，改善心血管系统，提高心肺功能。乒乓球是间歇性的有氧运动，有氧运动对心肺功能有很大的改善作用，乒乓球运动能降低血脂水平，有效地改善脂蛋白和载脂蛋白的代谢，提高高密度脂蛋白胆固醇水平，降低血清甘油三酯、低密度脂蛋白胆固醇、极低密度脂蛋白胆固醇及载脂蛋白水平。乒乓球运动能使肺活量增加，使肺通气和肺换气效率提高。

第三，乒乓球运动能保护视力，预防近视。乒乓球运动对预防近视，调节眼睛功能起到了有效的作用。

第四，有利于锻炼人的心理素质和意志。乒乓球运动是一项竞技性很强的运动，不仅是参与者之间技术、战术和智力的较量，更是对参与者心理的考验。乒乓球运动中所蕴含的意志品质主要表现在意志行动的专注、果敢、坚韧和耐受挫折等方面。

第五，运动量可控，可自由选择。由于乒乓球的回合中断、相对移动范围较小等特点，乒乓球的运动强度相对较低，这就使得可持续运动的时间较长。因此，健身者可以根据自己的目的，通过调节运动时间的长短控制运动量。

第六，可以促进交流，增进友谊。通过参加乒乓球运动，可以相互交流经验，切磋球技，达到相互学习，共同提高，建立良好的人际关系的目的。

（二）适合人群

乒乓球运动运动强度较低，且隔网对抗，因而损伤率低，非常适合老年及青少年儿童。对于成年人也是一项值得选择的健身运动项目（图4-4）。

图4-4　乒乓球适合人群

（三）场地器材要求

场地设施要求相对较低。乒乓球的场地设施要求相对简单，包括球台、球网装置、球和球拍，以及不太大的场地、室内场地有明亮均匀的灯光即可。

（四）主要注意事项

第一，健身运动前需要进行环境检查：球台四周要较宽敞，不要有太近的障碍物，以免运动中受到伤害；地面要干燥，若有积水要及时拖干，防止滑倒受伤。

第二，做好准备活动：运动前应做一些专门性练习，如慢跑、徒手操，以活动各关节、韧带和肌肉，使人体能适应乒乓球运动的各项要求。

第三，控制运动负荷：中老年人应避免进行竞技性比赛，因为随着竞技程度的加剧，运动强度也会升高很多，这对于心脏功能较弱的人来讲，可能会产生不良影响，应引起足够的重视。

第四，做好整理活动：运动后及时进行整理放松运动，可采取慢跑、四肢放松摆动、局部按摩等多种措施。整理活动时间一般为5～10分钟。

第五，防止运动损伤：打乒乓球时，腕、肘、肩部、腰部用力较大，常易引起手腕关节肌腱牵引过度及肩关节周围的腱鞘炎，其他如膝关节、腰部也会因运动不当而引起损伤。因此要循序渐进，使运动量由小到大逐步增加，要掌握正确的打球方法，避免引起损伤。

第六，心态：以锻炼为目的，不要太好胜。对业余爱好者，特别是老年人来说，打乒乓球主要是为了锻炼身体、促进健康。要以平和之心来练球、打球，不要太计较输赢；要注重切磋球艺，在接发球中寻找乐趣；要重过程而轻结果，做到胜之淡然，失之坦然。

四、羽毛球

羽毛球运动是一项手持拍隔网的对抗性球类运动，因其器械简单，没有身体接触，能自主控制运动量，充满乐趣又能强身健体等特点被广大群众所喜爱。羽毛球的基本技术有正手发高远球、后场正手击高远球、吊球、搓球、挑球、抽球、正手杀球等。

（一）健身价值

羽毛球运动具有不确定性、比赛无时限性、快速爆发力量、瞬息万变、全方位运动等特点，具有强身健体、提高免疫力、缓解疲劳、提高综合素质、培养竞争意识和进取精神等健身价值。

第一，对视力的价值。比赛时羽毛球的飞行落点不确定，为了快速地寻找合适的击球点，眼睛就迅速反应。当羽毛球高速飞来时，人的睫状肌收缩，眼球内的晶状体悬韧带松弛，晶状体依靠自身弹性曲度变大，折光度增大，看清来球方向；当回球远去时，则刚好相反，睫状肌放松，连接晶状体的悬韧带紧张，晶状体变得扁平，以保证看清远处的羽毛球。连续不断地接球、回球能使眼中的关键部分如睫状肌、晶状体和悬韧带都得到锻炼，遏制弱视和近视的发展势头，对视力的提高很有帮助。

第二，对颈部、肩部和脊椎的价值。羽毛球运动对我们的身体是有极大的好处的。对成人来说，长期上班、坐办公室、玩电脑和手机对颈椎、胸椎和腰椎的伤害是很大的，在进行羽毛球运动时，因要不停地移动，仰头寻找合适的击球点，就会使颈椎、胸椎、腰椎得到很好的活动，从而达到锻炼效果；对儿童来说，进行羽毛球运动时，因要不停地在场上移动，蹬转发力，迅速上网，身体能得到强有力的锻炼，有助于增强孩子身体的协调能力，提高反应能力和灵敏性，促进生长发育。

第三，对呼吸系统的价值。呼吸肌主要有膈肌、肋间肌，此外还有腹壁的肌肉。羽毛球运动使呼吸肌力量增强，从而使肺活量增大。一般人呼吸差只有5～8厘米，而经常参加羽毛球运动的人，呼吸差可增加到9～16厘米；一般人的肺活量平均只有3 500毫升左右，而经常参加羽毛球运动的人肺活量比一般人大1 000毫升左右；一般人的呼吸浅而急促，安静时每分钟大约呼吸12～18次，而经常参加羽毛球运动的人，呼吸深而缓慢，每分钟大约呼吸8～12次，这就使呼吸肌有了较多的时间休息。

第四，对心理健康的价值。羽毛球运动作为一种具有趣味性的娱乐活动，不仅能够给观赏者带来欣赏和思考，而且能够给运动者带来精神上的体验和享受。因此，经常参加羽毛球运动，可以更好地锻炼人的心理素质，达到愉悦心情、陶冶情操的目的；还能够使参与者在竞争中强化进取精神，从而以良好的心态和精神面貌面对激烈的社会竞争。

第五，有助于竞争意识的培养。在现代社会中，谁的竞争意识强，谁就占有生存发展的优势，就能获得成功和进步。羽毛球比赛具有鲜明的优胜劣汰的特点，使参与者有获取成功的可能性，因而能促使人奋发向上，培养竞争和奋斗的精神。羽毛球运动员通过实力获得胜利，激烈的比赛有助于培养参与者的竞争意识等。

第六，有助于社会角色和个性的形成。羽毛球运动分为单打、双打和混双，每个项目的场地大小和规则也有所不同，比如单打的场地要比双打的场地窄，双打发球有后发球限制线，而且打单打和双打的技术要领不同。有时你可以看到，一个单打打得很好的人去打双打却打得很糟糕，这能促使他们思考自己适合的运动方式。打双打时，两人要相互默契配合，商量好发球的站点和中场球谁去接，轮转如何将球打出来等战术；混双中女性主要在前场守好自己的位置，而男性大多数情况都在后场，这就是各司其职，要明白自己的职责，也要相互补位、相互配合，这样才能将球打好。这就和你在社会中扮演的角色是一样的，要知道自己适合哪一行，给自己定个位，这样才能在社会中生存下去。

  第七，有助于建立良好的人际关系。羽毛球运动的特殊性决定了每次练习都须两个或者两个以上的人一起完成练习，在老师示范技术动作时，双方要随时沟通，这种沟通不仅是直观的、及时的和准确的，还是主动性的、注意力集中的和信息充分交流的。羽毛球运动总是在社会环境中进行的，它总是与人群发生着联系，人们在运动中较好地克服了孤僻，忘却了烦恼和痛苦，沟通协调了人际关系，扩大了社会交往，提高了社会适应能力。例如，人们可通过加入羽毛球俱乐部或协会，与同好交流球技，认识不少志同道合的朋友。通过交流赛，提高了球技，增进了沟通，更加促进了彼此之间的感情。由此看来，羽毛球运动在促进人们相互交流、消除孤独感、沟通和协调人际关系等方面具有重要作用。

（二）适合人群

  羽毛球运动老少皆宜，但心脑血管疾病患者，以及其他不适合剧烈运动的患者、体弱者不宜进行羽毛球健身。另外羽毛球运动的球拍、球等均有一定成本消耗，去场馆打球还需要消费，对经济条件有一定的要求（图4-5）。

运动项目：羽毛球

适合人群：老少皆宜，但心脑血管疾病患者，以及其他不适合剧烈运动的患者、体弱者不宜进行羽毛球健身

图4-5　羽毛球适合人群

（三）场地器材要求

  任何空旷、平整的场地均可进行单人对单人的羽毛球健身，羽毛球比赛则需要一长方形场地，长度为13.4米，双打场地宽为6.1米，单打场地宽为5.18

米，球场上空空间最低为9米，在这个高度以内，不得有任何横梁或其他障碍物，球场四周2米以内不得有任何障碍物，场内不能有风。羽毛球重4.74～5.5克，由16根羽毛插在半球型软木托上；球拍框总长度不超过68厘米，宽不超过23厘米，拍弦面长不超过28厘米，宽不超过22厘米。

（四）主要注意事项

第一，打球前一定要做好准备活动，充分伸展筋骨，否则很容易受伤。要掌握正确、灵活的握拍方法，坚决纠正"拳握法"和"苍蝇拍握法"。

第二，要保护好身体特定部位。羽毛球运动损伤以腕、膝、踝部和腰部损伤最为普遍，在运动过程中应特别注意保护好这些部位，必要时应该准备护腕、护膝、护腰等护具。

第三，打球间歇最好马上穿上衣裤，防止冷空气渗入关节，预防感冒。打球结束后，如果出汗多应当把汗及时擦干，换去有汗的运动服装、鞋袜，同时穿衣戴帽，防止热量散失。注意不要在风大的地方逗留，以免伤风感冒。

第四，打完球要及时做一些肌肉韧带的静力牵拉练习和按摩放松活动，促进肌肉的乳酸代谢，缓解肌肉和关节的酸痛感，缓解肌肉疲劳，减少再次运动时由于肌肉没有恢复而造成的伤害，可采用揉捏、敲打、抖动等方法对负荷量较大的肌肉部位进行放松。

第五，需要特别注意的是，运动后饮食忌生冷。打完球后，要尽量避免吃生冷的食品和喝冰镇的饮料，应少量补充温水，可以喝一些温的豆浆、牛奶等补充能量。在身体恢复正常状态后，可以吃一些香蕉来补充打羽毛球后人体流失的钾等元素。

五、网球

网球是一项古老的体育运动项目，以其健康、高雅、时尚、文明而著称于世。网球运动趣味性强、典雅雍容、清新脱俗，是力与美的完美结合，有着挡不住的风韵和魅力，有人把网球运动赞誉为"运动芭蕾"是很贴切的，网球运动强度可控，属于隔网对抗的运动项目，适合不同人群参与，网球运动已成为我国广大人民群众较喜爱的休闲娱乐健身体育项目。网球的基本技术有正手击球、反手击球、发球、接发球、削球、截击球、高压球、挑高球等。

（一）健身价值

网球运动是一项逐渐兴起的健身运动。激烈的竞争性、可控的运动节奏、优雅舒展的动作，无不给参与者带来美妙的享受，网球运动还可以使人养成做事积极主动的态度，培养坚韧的毅力及不屈不挠的精神。所以它具有良好的健身和心理保健价值。

第一，改善和提高人体的健康水平。网球运动是一项技术性很强的运动项目，运动时间的长短与运动强度的高低、竞技的激烈程度有着密切的关系。比赛者的技术等级高，对方实力相当，在打比赛的时候会出现多回合精彩的对攻场面，此时运动强度就大。反之，在平时练习或娱乐性的比赛时，运动的强度较小。在进行网球运动时，可以根据练习者的年龄和身体状况适当调节运动量，运动量可大可小，从儿童到老人都可以参与网球运动，长期进行网球运动，可以改善血液循环系统，消耗多余热量，使心肺功能得到提高，增强体质。

第二，在全面发展身体素质的基础上，可突出发展灵敏性和快速反应能力。在网球比赛过程中，球在很短的时间内进入对方场区，对方在极短的时间内就可将球回送到本方球场，在如此短的时间里，运动员不仅要能准确无误地判断对方来球的落点、速度、旋转状况，同时要果断地做出决策，采用相应的技术进行还击。这对运动员的起动快慢、步伐移动快慢、判断准确度提出了更高的要求，可见网球运动对运动员的起动速度、力量素质、快速反应能力及果断性都要求很高，这是网球运动特点所决定的。经常参与网球运动，可以增强人体免疫力，提高抗病能力，加快病后康复速度，达到增进健康、增强体质、强化身心的目的。

第三，有利于锻炼人的心理素质和顽强的意志。网球运动能培养自信心。在紧张激烈的比赛中，不仅要有较强的技战术意识、清醒的头脑、敏捷的思维和较强的分析能力，还要保持积极自信的心理状态。技术相近的选手比赛，心态更显重要。由于网球比赛持续时间长，竞争越激烈，运动员的体力消耗越大，顽强的意志和坚强的毅力就显得非常重要，只有克服身体上的疲劳，最后才能坚持到胜利的终点。因此，长期进行网球运动的锻炼，有利于意志品质的培养，使参与者成为意志坚强的人。

第四，搭建人与人之间沟通的平台，以球会友，通过网球比赛，可以结识许多喜欢网球运动的朋友，扩大自己的生活圈子。参与网球队各项集体活动，能感受到团体、队友之间的关爱，消除孤独感和寂寞感。尤其是中老年朋友，由于年龄的增加，或因为离退休后无所事事，会产生一种失落感和孤寂感。这种心情对中老年朋友的身心健康是极为不利的。参加网球运动，不仅运动本身能很好地消除心理上的抑郁，同时，运动过程中与他人的交流也有很高的社会价值。

（二）适合人群

网球运动对不同人群都有影响，这些人群包括：少年儿童、青年人、中年人、老年人等。打网球腰部旋转幅度大，又常有半蹲姿势，因此，有腰痛、膝关节炎（膝盖常隐隐作痛）者则不适合这项运动（图4-6）。

运动项目：网球

适合人群：少年儿童、青年人、中年人、老年人。有腰痛、膝关节炎（膝盖常隐隐作痛）者则不适合这项运动

图4-6 网球适合人群

（三）场地器材要求

国际上用于网球运动的场地有：草地、泥地（红土球场）、硬地（多层塑料或橡胶），以及塑胶类地毯（室内）。网球场地长为23.77米，宽为10.97米（双打）、8.23米（单打），中间由一条绳索或钢丝绳上的球网分成两个半场。网球运动的器材包括网球拍、网球，以及相对专业的服装、鞋袜等。

（四）主要注意事项

第一，运动前必须预热拉伸，针对进行网球运动时，下肢、腰部、手臂挥动的特点，运动者需要重点"预热"的也正是这几个部位。夏季热身10来分钟，冬季热身20分钟左右。

第二，出现腰痛膝痛就尽量暂停网球健身，尤其是腰痛、有膝关节炎或膝盖

疼痛者应等疼痛消失、身体恢复后再行此项运动。

第三，应该找一个与你一样有兴趣的朋友一起，切磋学习，互相监督和鼓励，坚持下去。

第四，球拍过重，会导致手臂深肌群用力过度，相对更容易造成劳损，出现网球肘的可能性越高。女性锻炼者应该选择轻拍子，因为球拍过重也容易让手臂过分强壮。

第五，打网球要注意调整好心态。打球主要是为了锻炼身体，健身减肥，因此在运动中不要逞强。既然网球只是一项健身运动，就不必掌握全面的技术，不需要强烈上旋，不需要快速移动，你可以等球落地两次后再回击，还可以打10分钟就坐下来休息一会儿。总之，只要学会控制好运动量，使自己既能出汗，又不至于第二天感到腰酸背疼，就达到锻炼目的了。

第六，打网球要注意不要被球击中，也要注意不要被自己球拍击中。未停止来回击球时一定不要跑进场地，这不仅仅是出于礼貌，更重要的是保护自己。同时要注意挥拍动作的正确性，避免造成球拍打到头部，发球砸伤膝盖等事故。

第七，业余爱好者容易扭伤脚，有部分的人是因为踩在了球上。所以切记，一定要保证在你的活动范围内地上没有球在。

第二节 舞蹈与操类健身项目

舞蹈是一种表演艺术，使用身体来完成各种优雅或高难度的动作，一般有音乐伴奏，以有节奏的动作为主要表现手段。操类健身项目也是一种通过身体的运动来展示人体美的运动方式。两者具有很多的共同点，目前这类健身项目中参与者较多的是广场舞、健美操、体育舞蹈等。

一、健美操

健美操是一项深受广大群众喜爱的，普及性极强的，集体操、舞蹈、音乐、健身、娱乐于一体的体育项目。健美操在健身项目中的主要形式有：有氧健身操、办公室健身操、搏击健身操、瘦身操等。

（一）健身价值

健美操作为一项有氧运动，具有所有有氧运动的健身功能，如全面提高身体素质、提高心肺功能和肌肉耐力，促进机体各组织器官的协调运作，使人体达到最佳机能状态。此外，健美操不同于其他有氧运动项目之处，在于它是一项轻松、优美的体育运动，在健身的同时，带给人们艺术享受，使人心情愉快，陶醉于锻炼的乐趣中，减轻了心理压力，促进身心健康发展，从而更增强了健身的效果。

第一，健美操的增强体质功能。健美操不仅具有有氧运动的功效，且兼具发展身体柔韧性和灵敏性的作用，是目前较为理想的全面发展身体素质的运动。健美操运动对呼吸系统的机能也有良好的影响。它能使呼吸肌变得强壮有力，使人体安静时的呼吸加深、次数减少，运动时吸氧量增大，从而大大提高机体的有氧代谢能力。健美操还能提高消化系统的机能，有助于营养物质的吸收和利用，从而提高人对疾病的抵抗能力。

第二，健美操的改善体形功效。健美操的独到之处，是它可以对身体比例的均衡发展产生积极的影响，特别是能增加胸背肌肉的体积，消除腰腹部沉积的多余脂肪，使体态变得丰满、线条变得优美。此外，通过经常性正确的形体动作训练，还能矫正不正确的身体姿势，培养正确端庄的体态，使健身者的形体和举止风度发生良好的变化。

第三，健美操的陶冶情操功能。健美操是在音乐伴奏下进行的身体练习，不仅能形成健美的体魄，而且对人的心理状态也有良好的影响。通过优美明快的音乐节奏、活泼愉快的形体动作，人陶醉在美的韵律之中，很快排除心理上的紧张和烦恼，使身心得到全面调节，精神面貌和气质修养都有所改善和提高。

第四，健美操的医疗保健功能。健美操作为一项有氧运动，其特点是强度较低，运动量相对来说可大可小，容易控制，因此除对健康的人具有良好的健身效果外，对一些病人、残疾人和老年人也是一种医疗保健的理想手段。

（二）适合人群

各类人群，以青年人尤其是青年女性为主。包括体重明显超重者、身高标准体重超标者、肥胖者、不爱运动者或运动不足者、皮下脂肪超过标准者、身体灵敏性与协调性较差者。儿童与高龄老人以及有运动功能障碍的人群则不宜选择健美操健身（图4-7）。

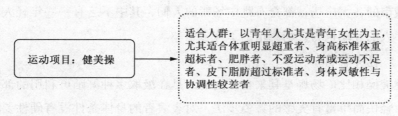

图4-7　健美操适合人群

（三）场地与环境要求

健美操可以单人也可以集体完成，对场地的要求主要是场地一定要平坦，不宜过硬，要有一定的弹性，在室内的话场地通风条件一定要好，且灯光要合适，不宜太暗或者太刺眼。另外，健美操健身一般需要音乐伴奏，因此安静的环境也是健美操健身的重要条件。

（四）主要注意事项

第一，健美操虽然运动强度不大，但跳健美操前应做好热身准备，并穿着有弹性的运动服和有弹性的运动鞋，尤其是初学者和体弱者，中年人和老年人，要注意防止肌肉突然拉伤。

第二，要注意循序渐进，刚开始时不要练习太长时间，以10分钟为宜，逐步增加时间，运动量以运动后1～2小时身体疲劳基本消除为标准。

第三，健美操运动非常容易出汗，因此健身后要及时更换汗湿的衣服，避免着凉，特别是在空调房内运动后应做些伸展运动再行淋浴。

第四，女性跳健美操时要戴好运动胸罩，以承托力较强的为好，在经期运动量不宜过大，不宜在怀孕期间进行健美操健身。

二、广场舞

广场舞是一种老年健身舞,因以广场中心为主要场地,故名广场舞,该运动项目已经成为我国老年人健身最热门的运动项目,成为城市文化生活中不可或缺的重要形式和内容。如今的广场舞,已经被越来越多的不同年龄层次的人接受,在各大城市的各大广场,都会有跳广场舞的人们,其中不乏有一些年轻人,年轻人和老年人的互动也为广场舞增加了许多乐趣。

(一)健身价值

与健美操相比广场舞是其来自民间的,是在汲取多种舞蹈可利用的部分后创编出的,轻快简单富有美感的舞姿步法,对表演者的身体条件没有硬性要求,动作难度要求也不高,娱乐性较强,而运动强度较小,但由于其组织实施的集体性,对运动较少的人群具有特别的健康意义。

第一,特殊的心理健康价值。广场舞能很好地促进人际交往,对中老年人消除孤独感具有重要的意义。同时,健身者伴随优美动听的音乐起舞,能够感受到愉快的情绪,从而达到最佳的心理状态。

第二,刺激神经,减缓记忆力衰退。广场舞不仅需要身体各部分的配合,记住舞蹈动作的套路,还需要使身体运动与音乐配合,因而可以有效刺激人体中枢神经系统,延缓记忆力的衰退。

第三,增强心肺功能和改善健康。经常进行广场舞健身,心血管和呼吸系统都能得到良好的锻炼,可改善心肺功能,加速新陈代谢,促进消化,从而达到增强体质、增进健康、延缓功能衰退、提高人体的活动能力等良好的健身作用。

第四,增强人体协调性和灵活性。广场舞一般需要集体排练,这就需要动作的整齐与统一,经常进行广场舞健身能使人体的协调性和灵活性显著提高,舞蹈动作的练习,也能促进人体平衡能力的增强。

(二)适合人群

广场舞适合所有的健身者,是一项老少皆宜的健身运动项目,但不推荐以下几类人群进行广场舞健身:一是静脉曲张严重的人群,会加重病情;二是关节有问题的人，特别是膝关节、肩关节有疾患的人；三是糖尿病患者，噪音环境中可能会引起血脂、血糖水平增高；四是高血压、心脏病等疾病的患者（图4-8）。

运动项目	广场舞	适宜人群：老少皆宜，无静脉曲张，无关节（膝关节、肩关节）疾患，无糖尿病，无严重高血压、心脏病等人群

图4-8 广场舞适合人群

（三）场地与环境要求

广场舞对场地的要求不是很高，但要跳出气氛，各类平整的广场是最佳选择。由于广场舞需要音乐伴奏，因而容易引起"扰民"的问题，因此最好选择稍微远离居民小区的广场，相对安静的环境，这样可以适当控制音乐的音量。

（四）主要注意事项

第一，有不少老人跳舞积极性很高，不论刮风下雨，每天都要跳上很长时间，然而运动过量会造成一些关节的损伤。建议每周健身5天，1天不要超过2小时，且中间有一定的休息时间。

第二，老年人跳舞时应避免突然大幅度扭颈、扭腰等动作，以防跌倒，发生关节、肌肉损伤。对于刚刚开始跳舞的"新手"而言，应从比较简单的动作学起，如果发现脚部或某些关节不适，就要及时暂停活动。

第三，多数广场舞都是在水泥等硬质地面上进行，穿一双舒适防滑的鞋子就十分有必要。如果穿硬底鞋或带跟的鞋跳舞，容易滑倒、扭伤。

第四，早晨空腹跳广场舞，可能导致低血糖发生，跳舞到很晚则可能扰乱自身的生物钟。老年人消化功能都比较差，如果刚刚吃饱就去跳舞，容易导致胃肠道疾病的发生，建议老年朋友选择晚饭后锻炼，时间以饭后半小时至1小时为宜。也可选择在清晨吃过早饭，且太阳出来以后进行练习。

三、体育舞蹈

体育舞蹈也称国际标准交谊舞，是以男女为伴（有时也有两女为伴）的一种步行式双人社交舞转换形成的健身运动项目。分两大类共 10 个舞种,摩登舞包括华尔兹、维也纳华尔兹、探戈、狐步舞和快步舞,拉丁舞包括伦巴、恰恰、桑巴、牛仔和斗牛舞。每个舞种均有各自的舞曲、舞步及风格。

(一) 健身价值

第一,增强身体素质。体育舞蹈是体育与舞蹈的结合,具有运动与艺术的双重性,动作丰富且变化要比健美操和广场舞多很多。长期坚持体育舞蹈健身的人,无论在身体的平衡能力,还是在心脏功能和肺功能方面均有显著提高,因而可有效促进人体体质的增强。

第二,形成良好的体态。良好的身体形态是形成一个人气质风度的重要因素,体育舞蹈要求参加者保持抬头、挺胸、收腹、立腰、沉肩、膝放松、大腿和臀部夹紧上提,使整个身体呈舒展、挺拔、优雅、大方的姿态。通过一段时间的体育舞蹈健身,健身者的体态得到改善,从而在生活中表现出一种良好的气质与修养,给人以朝气蓬勃的感觉。

第三,保持健康的心理。体育舞蹈是一项中等运动强度的有氧运动,对焦虑、抑郁等情绪障碍有显著的调节作用。体育舞蹈中的音乐,不仅能使健身者在完成单个或成套动作时把握每一个节拍,而且可以激发健身者的精神,健身者在翩翩起舞的同时使大脑得到放松,获得最佳休息。

第四,创造良好的人际关系。体育舞蹈既有运动性又有艺术性的这一特征,显示出其在人际交往中的重要位置。由于需要舞伴的配合才能跳出优美的动作,因此体育舞蹈能有效促进人与人之间的交流,创造良好的人际关系。

(二) 适合人群

体育舞蹈中的拉丁舞相对节奏较快,运动强度较大,因而拉丁舞适合的人群主要为青年男女;摩登舞则相对舒缓,既适合年轻人,也适合中老年人,更适合需要腰、腹、髋局部减肥人群。由于青少年男女交往中的一些障碍,体育舞蹈可以作为青少年的竞技运动项目,但不太适合作为青少年的健身项目。另外,对于下肢关节有问题的人、糖尿病、高血压、心脏病等疾病的患者不建议以拉丁舞作为健身方式(图 4-9)。

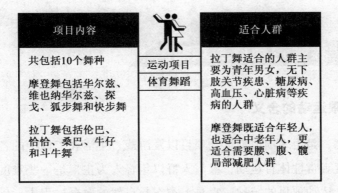

图 4-9　体育舞蹈的项目内容和适合人群

（三）场地与环境要求

体育舞蹈较为适合的健身场所是各种地板地面，也可在空旷、平整的各类场地上进行体育舞蹈健身，由于需要音乐的伴奏，同健美操、广场舞一样需要相对安静的环境。

（四）主要注意事项

第一，体育舞蹈，特别是拉丁舞的运动强度较大，跳舞中的关节运动幅度较大，因此健身前应该做好准备活动，尤其要注意活动身体的各个关节。

第二，对于初学者，建议把注意力集中在跳好基本步上，因为不标准的舞蹈动作习以为常之后，再想改正过来就十分困难了。

第三，不能忽视舞蹈音乐（舞曲）的作用，将体育舞蹈作为健身运动形式，应该学会把握音乐节奏、体会音乐风格，即增强音乐修养，不可只重视舞蹈动作，导致动作与音乐脱节。

第四，体育舞蹈是双人舞，既然是双人舞就需要双方的动作配合，达到共同健身的目的。因此，体育舞蹈健身中，初期配合不好很正常，不可频繁换舞伴，双方均应在学习和实践中去了解对方、适应对方。

第五，体育舞蹈男女为伴这更能体现舞蹈的美感，但男女的个性差异等决定了在配合的过程中要相互尊重，尤其是需要注意体育舞蹈的必要礼节。

科学健身
——如何选择健身运动项目

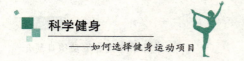

第三节 | 极限运动健身项目

一、极限运动的含义

极限运动，是由多项成型运动项目以及游戏、生活和工作中的各种动作演变而来的高难度观赏性体育运动，参与人群以年轻人为主，是一些难度较高且挑战性较大的组合运动项目的统称。它是人类在与自然的融合过程中，借助于现代高科技手段，最大限度地发挥自我身心潜能，向自身挑战的娱乐体育运动。它带有冒险性和刺激性，除了追求竞技体育超越自我生理极限"更高、更快、更强"的精神外，更强调参与、娱乐和勇敢精神，追求在跨越心理障碍时所获得的愉悦感和成就感。

因为极限运动在国内兴起时间较短，还没有被大多数人所接受。随着时间的推移，中国的极限运动爱好者也越来越多，如很多人尝试蹦极来体验极限运动带给人的刺激感与新奇感。由于极限运动的特殊性，作为健身运动项目需要由专业的机构或组织来实施，一方面可以使参与者获得专业的指导、确保运动的安全性，另一方面能够在相同项目爱好者之间建立沟通交流，真正实现心灵的释放。

二、极限运动常见形式

目前主流的极限运动包括：长板、游艇、翼装飞行、跳伞、潜水、山地骑行、漂流、皮艇、跑酷、攀岩、攀冰、卡丁车、滑板、滑雪、滑翔伞、高山探险、帆船、冲浪、蹦极等。下面简要介绍国内外较为常见的几种极限运动。

（一）长板

长板（longboard），最早诞生于冲浪板加轮滑鞋的轮子，类似于带轮子的冲浪板/滑雪板。它和普通滑板相比，板面更长更宽，轮子更大更软更宽，拥有更长的续航能力，更佳的路面适应能力及更快的上手时间和更好的操作感。长板起源于冲浪，但是冲浪易受到天气因素的影响，于是有人把冲浪板和滑板结合在一起，长板的长度通常为 33～59 英寸（84～150 厘米），宽 9.0～10.0 英寸（22.8～25.4 厘米），主要材质包括枫木、竹子、玻璃纤维、碳纤维、金属、混合材质等。长板护具包括头盔、护膝、护肘、护胫及皮衣。

长板的乐趣在于：downhill（速降）、slide/drift（漂移）、dancing（在板面上做出各种技巧动作，形似跳舞）、freestyle（花式）、slalom（过障碍）等。作为一项极限运动，处处伴随着危险，建议玩板时戴好护具，尤其是头盔。

（二）高空跳伞

跳伞者乘飞机、气球等航空器或其他器械升至高空后跳下，或者从陡峭的山顶、高地上跳下。在张开降落伞之前和开伞后在空中完成动作，并利用降落伞减缓下降速度在指定区域安全着陆。

一般跳伞高度达到 500 米及以上为高空跳伞，相对于在大楼、大桥和悬崖等处的低空跳伞危险性要小得多。现在很多中老年人都很喜欢这项运动，不同的是他们一般都是教练带着一起跳下去。毕竟还是有些危险性在里面的。

（三）潜水

潜水原意是为进行水下查勘、打捞、修理和水下工程等作业而在携带或不携带专业工具的情况下进入水面以下的活动。后来，潜水逐渐发展成为一项以在水下活动为主要内容，从而达到锻炼身体、休闲娱乐目的的休闲运动，广为大众所喜爱。

目前，对潜水爱好者而言主要采用浮潜和水肺潜水两种形式。浮潜是比较简单的，只需利用面镜、呼吸管和脚蹼就可以漂浮在水面，然后通过面镜观看水下景观。在国内外只要通过简单的培训，而不必一定需要取得浮潜证书，即可进行浮潜活动。水肺潜水是带着压缩空气瓶，利用水下呼吸器在水下进行呼吸，是真正的潜入水底的一种潜水。人们所向往的休闲潜水是在一种类似失重的状态下，进入一个完全不同的空间，让人彻底放松身心，让一切都随意而自然，在静谧的海底无言地观赏各种色彩斑斓的奇异珊瑚和鱼类。用手势和眼神与同伴交流。这种感受是不可能在陆地上获得的，也是没有真正潜入海底的人无法体会到的。

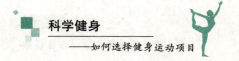

（四）漂流

驾着无动力的小舟，利用船桨掌握好方向，在时而湍急时而平缓的水流中顺流而下，在与大自然抗争中演绎精彩的瞬间，这就是漂流，一项勇敢者的运动。漂流最初起源于因纽特人的皮船和中国的竹木筏，但那时候都是为了满足人们的生活和生存需要。漂流作为一项真正的户外运动，是在二战之后才开始兴起的，一些喜欢户外活动的人尝试着把退役的充气橡皮艇作为漂流工具，逐渐演变成今天的水上漂流运动。

（五）滑翔伞

滑翔伞是一批热爱跳伞、滑翔翼的飞行人员发明的一种飞行运动，目前在欧美和日本等国非常流行，在我国台湾地区也掀起了一股旋风。滑翔伞与传统的降落伞不同，它是一种飞行器。初次体验可以让教练带飞。

（六）跑酷

跑酷是时下风靡全球的时尚极限运动，以日常生活的环境（多为城市）为运动场所，依靠自身的体能，快速、有效、可靠地驾驭任何已知与未知环境的运动。它并没有既定规则，做这项运动的人只是将各种日常设施当作障碍物或辅助，在其间跑跳穿行。2006年，跑酷运动进入中国，在我国得到了快速发展，深受自由职业者、公司白领和青少年学生喜欢。

（七）蹦极

蹦极是近些年来新兴的一项非常刺激的户外休闲活动。跳跃者站在约40米以上（相当于10层楼）高度的桥梁、塔顶、高楼、吊车甚至热气球上，把一端固定的一根长长的橡皮条绑在踝关节处，然后两臂伸开，双腿并拢，头朝下跳下去。

三、极限运动的注意事项

由于极限运动的终极目标是挑战运动者自身的极限，在运动中突破自我，在与自然的融合过程中，最大限度地发挥自我身心潜能，追求其他运动项目所无法带来的极限快乐。极限运动追求竞技体育超越自我生理极限"更高、更快、更强"的精神，同时，它也还体现了人类想要返璞归真、回归自然的美好愿景，因此已被世界各国誉为"未来体育运动"，将会有越来越多的人群参与其中。

本书之所以将极限运动作为集体类运动项目进行简介，主要是因为极限运动虽然可以单人进行，但由于运动本身的危险性与健身运动的安全性原则背离，因而强烈建议不管是一次性地体验这些运动的快乐、刺激的人，还是将这些运动作为健身运动项目的人，都需要在正规的俱乐部教练的帮助下进行。

第五章
不同人群健身运动项目的选择

第一节 | 年龄与健身运动项目选择

在人的生命周期中,生长、发育、衰老与年龄的关系最为密切,因而年龄是影响人体结构和功能的最主要因素,同时年龄往往还决定了个体的社会角色扮演,因此不同年龄选择不同的健身运动项目,不仅有利于促进人体的生长、发育,延缓人体的衰老,而且对于形成健康的生活方式也具有积极意义。按照人体功能变化规律,健身运动的作用在生命早期主要是最大化人体的各项功能水平,在成年期主要是预防各项功能水平的下降,在老年期主要是减缓各项功能水平的下降速度(图5-1)。

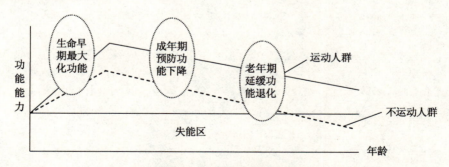

图5-1 生命周期与健身运动

一、儿童少年健身运动

从广义上来讲，儿童少年期是 0～18 岁的这段时期，是人体生长发育的高峰时期，与成年人相比，各器官、系统的形态和功能都有明显的特点，身体形态结构和生理功能尚未成熟，在心理方面探究好奇、活泼好动是主要表现特征。因此，健身运动需要考虑到儿童少年的身心特点，有计划、有目的、科学合理地安排运动计划，才能达到预期的运动效果，促进儿童少年的健康成长。

（一）儿童少年的健身运动目标

儿童少年的健身运动，需根据其生长发育的特点和个体情况提出不同的目标要求，从而促进其生长发育，防止发生伤害事故，增强体质、增进健康。

1. 婴儿期的健身运动目标

从出生到 1 岁为婴儿期，婴儿期人体各系统的功能从不成熟到初建和巩固。此阶段，婴儿的身体形态开始发生显著变化，同时，其运动能力也得到发展。婴儿期，尽管人的四肢、手、眼、躯干等各部位可以相互配合完成一些全身性的运动，但这些动作很不协调，也不精细。因此，婴儿的健身运动应以家长主动、耐心地引导和帮助为主，其目标主要是培养婴儿的感觉和运动能力。

2. 幼儿期的健身运动目标

1—3 岁为幼儿期，相比婴儿期，幼儿期生长已逐渐缓慢，粗大动作掌握良好，如能走、跑、跳等，手的精细动作也日益进步，能玩玩具、脱衣服、自己吃饭，语言能力也有了明显的进步，可以和人简单对话。幼儿期是大脑发育的一个重要时期，而手的灵巧程度是大脑发育状况的标志之一。"手巧"也会反过来促进大脑各个区域的发育。因此，幼儿期的健身运动应特别注意加强幼儿动手能力的培养。

3. 学龄前期的健身运动目标

4—5 岁称为学龄前期，学龄前期即为幼儿园阶段，这一阶段儿童的身高迅速增高，肌肉变得结实，脊椎明显弯曲，运动功能增强。此阶段儿童的健身运动应以训练柔韧性、反应能力、协调性为主。不宜进行大运动量、长时间的训练

（长跑等），也不宜进行过多的力量性练习。

4. 儿童期的健身运动目标

6—11岁称为儿童期，儿童期又称学龄初期，即小学阶段。儿童期是生长发育的两个快速增长的中间阶段，也是其形态机能发育稳定增长的阶段。神经系统在这一时期已基本发育成熟，从事各种复杂运动的身体能力已基本具备，且具有较高的智力水平。此阶段的健身运动应以掌握一定的动作技术和技能，培养其道德和意志品质，促进运动能力的全面提高为主要目标。

5. 少年期的健身运动目标

12—18岁为少年期，少年期即中学阶段，是个体由童年向成人过渡的时期，经历这个时期的发展，个体的生理发育和心理发育日益成熟。此阶段正值心肺发展期，运动应以增强心肺功能为主，12—18岁是肌肉发展期，则应多参加发展肌肉力量的健身运动。

（二）儿童少年健身的主要注意事项

儿童少年身体发育还未完全，进行运动健身需要选择正确的项目，采取正确的方式。儿童运动健身需要把握以下几点：

第一，应该从生活习惯上进行关注。生活中除了养成正确的身体姿势外，还应注意培养站、跑、跳、投的正确姿势，有效预防儿童少年骨骼发生弯曲、变形。

第二，儿童少年运动健身时要注意不在硬的地面上进行跳跃练习。因为儿童少年脊椎生理弯曲较成人小，缓冲作用较差，应避免引起下肢骨过早骨化或引起骨骺软骨损伤，从而影响骨的正常生长发育和身高的增长。

第三，儿童少年不宜过早从事力量性锻炼，运动负荷过大、时间过长、次数过多，这样不仅影响下肢的正常发育，还会导致腿部变形和足弓下降，也就是俗称的扁平足。

第四，如果参加非对称性项目的运动时（乒乓球、羽毛球、投掷、跳高、跳远等），要特别注意加强对侧肢体的锻炼，使肢体匀称发展，避免出现不匀称生长。

第五，避免过多从高处往下跳的练习，防止造成骨盆与下肢骨的发育变形。进行关节柔韧性运动时，要注意发展关节周围肌肉力量的练习，以防发生关节扭伤、韧带拉伤或关节脱位。在进行耐力运动时运动量不宜过大，要注意劳逸结合。

第六，随着儿童少年的生长发育，其心理发育也在产生变化，这些变化表现在智力、注意力、思维、情感、意志、行为、人际关系等方面。因此应把心理健康教育理念渗透到日常的健身运动中，有意识地培养儿童的规则意识、竞争意识、合作意识、顽强拼搏、团结友爱、尊重他人等优良品质。

（三）儿童少年健身运动项目

身体发育正常、没有残疾的儿童，运动时可根据自己的爱好、身体条件、家庭条件等选择多种多样的健身运动形式（图5-2）。

图 5-2　适合不同年龄儿童的运动项目

1. 学龄前期适合的健身运动项目

学龄前期适合的健身运动项目主要有体操、基本动作运动和运动游戏等。体操按照年龄大小分别可以做模仿操、徒手操、轻器械操；基本动作运动包括走、跑、跳跃、平衡、投掷、钻爬和攀登等；运动游戏以各种体操、基本动作运动为主要内容的组合，有角色和规则。

2. 儿童期适合的健身运动项目

儿童期适合的健身运动项目主要有走跑运动、攀爬类运动、跳绳、游泳、体操垫上运动、体操、球类运动、投掷、武术等。早期运动可多安排些速度、灵敏性和柔韧性训练，不要进行专门的器械力量运动，而是选择一些具有力量运动特

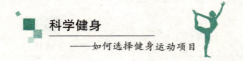

点的运动，如跳绳、投掷、网球、各种游戏等。

3. 少年期适合的健身运动项目

少年期适合的健身运动项目主要有有氧运动、速度运动、柔韧运动。12岁后力量运动及耐力运动的比例可稍增加，如仰卧起坐、俯卧撑、引体向上等徒手的力量运动，举哑铃、杠铃的力量运动等。15岁后，可参加一些剧烈的健身运动如快速跑、跳跃、体操、骑行、武术、舞蹈、游泳、轮滑和各类球类运动。要注意的是，在青春发育后期，男女性别差异明显，女生肌肉力量小，因此在鼓励少女健身运动的同时，也要注意运动量不能过大，并且要注意发展肩部、背部、腹部肌肉以及骨盆韧带肌肉的力量。

二、青年人健身运动

根据世界卫生组织确定新的年龄分段，青年期是指18—44岁这一阶段，在我国一般将青年期确定为18—35岁这段时期，这一时期是人的一生中体力最为旺盛的时期。这一时期，身体的发育已经完成，各器官系统功能能力以及身体素质的发展都达到了一生中的最高水平，具备了进行各种健身运动的身体条件。

（一）青年人的健身运动目标

青年期是生活方式改变最为剧烈的时期，也是人生迈向自立、走向成熟的时期，随着生活的改变（求学工作、组成家庭、生儿育女），人的身体、心理将会产生较大的变化。根据这些变化，为了克服各种阻力与压力，坚持参加健身运动是这一阶段改善身心的一个最有效方式。

1. 增强耐力和心肺功能，维持健美体形

青年人的身高增长速度逐渐减慢，大约在25岁以后，身高的增长因骨化完成而停止。不过，人体肌肉开始迅速增长，体重增加。青年人的生理发展趋于稳定，心血管系统、消化系统、免疫系统等都处于一生中的最佳状态，如心脏血液输出量和肺活量均达到最大值。身体力量和一般耐力呈现提高的趋势，速度、灵敏性等素质能在较长时间内保持在较高水平上。这一时期的锻炼目标，可通过进行较大强度和较大运动量的健身运动来促进身体健康，增强有氧耐力和心肺功能，维持健美体形。男子可通过健身进一步发展肌肉，提高肌肉质量，增进肌肉的弹性，增长体力，增强内脏器官的功能，使身体强壮、结实，使体形体态健美。女子可通过参加健身运动提高肌肉质量，增强肌肉的弹性，增长体力，防止脂肪堆积，使体形体态丰满、性感、匀称、苗条、健美。

2. 缓解心理压力、增强心理承受力

青年人的心理发展尤其是情感过程趋于成熟，性格基本定型，智力发展到达鼎盛时期，但是，这个阶段的群体亦面临一系列新的发展任务，如学习深造、就业、择偶、建立家庭、抚育子女和创造事业等，如此众多而重大的发展任务，对个体的适应性是一个严峻的挑战，需要个体具备适应这些新任务的身心品质。因此，这一时期健身锻炼的另一个重要目标就是缓解心理压力、增强心理承受力，以应对来自学习、工作和生活各方面的压力和挑战。

（二）青年人健身的主要注意事项

第一，青年人参加健身运动时需要特别注意运动强度的控制，不能因为自我感觉身体状况良好，在运动过程中随意增加运动强度。因而对于参加一些大强度的健身运动项目（力量健身、足球比赛、羽毛球比赛等），需要根据自身的情况适当加以控制，以免造成各种运动伤害事故。健身运动前要自己学会做好准备活动，健身运动后也要学会做好整理放松运动。

第二，青年阶段是人生中最容易中断健身运动习惯的时期，因而需要进一步加强认识参加健身运动的重要性。根据自身情况的变化及时调整健身运动项目尤其重要，要注意发挥健身运动的多种功能。可以根据自身的条件，参加各种组织的集体运动项目，获得同伴的支持。

第三，青年人健身应正确了解自己的身体素质水平，根据生活和工作的实际需要，有针对性地进行健身运动，以促进身体机能的进一步提升，特别是力量能力、耐力水平和柔韧素质。

第四，青年人健身应注意加强健身运动后的营养补充，以满足运动后的机体恢复需要，同时也要注意休息，以促进疲劳的恢复，防止因健身运动造成的疲劳而影响自身的工作学习和生活，一般以次日醒来精神状态良好、无疲劳感等为宜。

(三) 青年人的健身运动项目选择

青年期是由学校体育走向社会体育的重要时期,是人进行终身体育的重要环节。在活动方式上,要由有组织的集体健身运动转变为分散的、以个体需要为前提的、注重锻炼实效的健身运动。青年人的身体素质处于一生中的最佳水平,具备承受较大负荷的力量运动、耐力运动和柔韧运动能力,适宜参加的运动项目很广泛。(图5-3)。

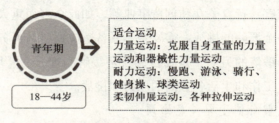

图 5-3　适合青年人的运动项目

1. 力量运动

包括克服自身重量的力量运动和器械性力量运动,前者如俯卧撑、仰卧起坐、引体向上、平板支撑等,后者如哑铃弯举、杠铃卧推、杠铃蹬伸、椭圆机蹬伸等。

2. 耐力运动

包括慢跑、游泳、骑行、健身操、球类运动(乒乓球、羽毛球、网球、篮球、足球)等。

3. 柔韧伸展运动

包括广播操、太极拳、舞蹈、瑜伽,以及各种拉伸运动等。

三、中年人健身运动

中年期一般是指45—59岁这段时期,是青年到老年的过渡阶段。在这一阶段,人体的内脏器官和生理功能开始减弱,很多老年性疾病都是从中年开始的,因此中年是健康方面需要特别关注的时期。

（一）中年人的健身运动目标

中年人参加健身锻炼主要为了增强体质、增进健康，消除紧张和焦虑，促进机体的新陈代谢，增强免疫功能和抗病能力，从而保持旺盛的精力。健身运动目标主要包括生理和心理两个部分。

1. 延缓机体机能的衰退

中年时期正好处在一个特殊阶段，其特点是生理功能和各种能力由"鼎盛期"逐渐开始缓慢直线下降。因此中年人的健身运动目标主要是增强体质，提高机体抵抗力和适应力；维持心肺功能，预防心血管疾病；提高新陈代谢，预防代谢性疾病；保持关节的灵活性，预防骨质疏松；维持体重，塑造和改善身体形态。

2. 丰富业余生活

中年人无论在工作单位或在家庭均是主要人物，由于一天紧张的工作和烦琐的家务劳动，脑力和体力始终处于绷紧状态，对精神和体力消耗较大，因此需要忙里偷闲地参加健身运动，不仅能起到消除疲劳的作用，还有调节神经、丰富业余生活、广交朋友、自我调节的作用。

（二）中年人健身运动主要注意事项

第一，如果已经没有了运动习惯，甚至很少参与健身运动，则最好在执行健身运动计划前做一次全面的体检，尤其是心电图检查是否有心肌缺血现象。一方面是为了防止运动的风险和运动的意外事故，另一方面是为了便于对健身运动计划进行合理设定以及健身后的效果评估。

第二，之前不常参加健身运动的中年人，建议从小运动量运动开始，循序渐进地增加强度。运动过程中如出现胸痛、胸闷或者呼吸困难等不适情况，应逐渐降低运动强度并及时到医院就医，不能强行坚持。

第三，中年人参加健身运动要量力而行，避免运动疲劳过度，防止运动损伤。运动前、运动后要做好充分的准备活动和整理活动，并注意糖、水、维生素和矿物质的补充。

第四，健身方式应力求多样化。中年人在进行健身运动时选择的运动方式要多样化，以健身运动的兴趣和爱好为前提。健身方式包括有氧运动和无氧运动两大类。此外，还应参加一些社会性的体育活动，如打桥牌、钓鱼、骑自行车、健美操、游泳、中长跑等。中年人参加健身运动要持之以恒，避免"三天打鱼，两天晒网"。

第五，中年人的身体抵抗力明显下降，因此健身运动过程中应注意增减衣物。冬天进行强度较小的运动项目时注意肢体末端的保暖；运动强度大的项目容易出汗，要及时脱去部分衣服；运动后要及时加衣，以免受凉。

第六，要适量地进行力量运动健身，防止肌肉萎缩的同时也能延缓其他身体素质的下降。

（三）中年人的运动项目选择

1. 以有氧运动为主

中年人参加健身运动通常以有氧运动为主，不宜采用局限于某一肢体或器官的、局部负担很重的运动项目。应选择简单易行、趣味性较高的周期性运动项目，以及能坚持较长时间的运动项目。同时要兼顾个人习惯和爱好，运动项目既要相对稳定又要有所变化，避免长时间的单调运动引起疲劳感，失去对运动的兴趣。适宜的运动项目主要有步行、慢跑、有氧操、骑自行车、太极拳、八段锦等。一些身体素质较好的中年人可以选择乒乓球、篮球、排球、网球、羽毛球、足球等强度较大的集体性运动项目。

2. 保持体形，控制体重

中年是体形变化最快的年龄阶段，因此这一阶段保持体形，特别是控制体重，防止"啤酒肚"等肥胖体形的出现是重点，因而长期坚持一定强度的耐力运动最为关键。同时中年阶段也是力量素质下降、骨量丢失较快的阶段，因此每周2～3次的力量运动也显得非常重要。中年人的力量性运动可以动力性和静力性运动结合，静力性运动如蹲马步、平板支撑等，动力性运动如俯卧撑、仰卧起坐等。由于中年人静坐时间普遍延长，因而要注意腰腹肌的力量运动。

3. 增加灵敏性训练

中年人可以增加一些灵敏性训练，以防止平衡能力和身体灵活性的退化，如踢毽子、跳绳、颠乒乓球等。还需要日常保持柔韧性或伸展性，如全身肌肉和关节的拉伸、五禽戏、易筋经、太极拳、瑜伽等（图5-4）。

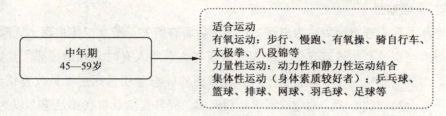

图 5-4　适合中年人的运动项目

四、老年人健身运动

老年人是指大于 60 岁的人。人到老年，神经过程的灵活性降低，神经调节的能力较差，对于刺激的反应较迟钝，动作失调，平衡能力下降；心血管系统机能减弱，如果突然进行运动，心率、血压都会剧增，心肌更容易疲劳，容易出现意外；呼吸系统的机能减弱，肺活量减小；机体和关节活动能力减低，骨质疏松，骨密度下降，使老年人的行动变得迟缓而无力。随着各器官系统机能的下降，老年人的力量、速度、耐力、灵敏性和柔韧性等身体素质也随着下降。进入老年阶段，随着老化的发生，胶原蛋白会减少，造成柔韧素质下降，甚至出现活动功能障碍。因此，老年人的健身运动不仅能预防因运动不足而引起的各种慢性病，而且能有效提高老年人的生活质量。

（一）老年人的健身运动目标

老年人的健身运动目标主要包括生理和心理两个方面。

1. 生理方面

老年人在生理结构方面表现为活动能力的降低，心肺机能下降，神经系统退化，肠胃功能减弱；机体免疫功能衰退，抵抗力下降；营养吸收力降低；内环境平衡能力减弱，适应能力差等。因而容易患病，患病后又容易合并感染，一旦患病，容易出现病程长、恢复慢、疗效差、易反复等状况。老年人的健身运动目标主要是改善心肺功能，降低患冠状动脉疾病和呼吸系统疾病的风险；改善并保持

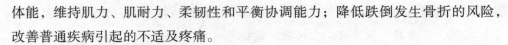

体能,维持肌力、肌耐力、柔韧性和平衡协调能力;降低跌倒发生骨折的风险,改善普通疾病引起的不适及疼痛。

2. 心理方面

老年人在心理方面表现为离开工作岗位后若有所失,子女工作忙碌,无暇顾及,导致空虚或产生被遗弃感,故而孤独寂寞。老年人有时表现出惶恐、焦虑、抑郁、多疑、啰唆、自卑等。老年人心理方面的健身运动目标主要是改善情绪,缓解不安及抑郁的心境,治疗或缓解心理疾病,提升自信及自我满足感,以达到改善生活质量的目的。

(二) 老年人健身运动主要注意事项

第一,老年人健身运动首先要注意的是运动的安全性。同中年人一样,如果已经没有了运动习惯,甚至很少参与健身运动,则最好在执行健身运动计划前做一次全面的体检,尤其是心电图检查明确是否有心肌缺血现象。一方面是为了防止运动的风险和运动的意外事故,另一方面也便于对健身运动计划进行合理设定以及健身后的效果评估。

第二,严格控制运动负荷量。运动负荷量的大小,对锻炼效果有着直接影响。对老年人来说,要严格加以限制。因为不切实际的运动负荷量是毫无意义的,甚至会引发意外事故。所以安排老年人的运动量,更应循序渐进,缓慢地增加运动负荷量,才能达到良好的锻炼效果。

第三,健身运动的随意性。老年人参加健身锻炼,既要有科学合理的锻炼计划,又要有随意性,这是由老年人自身特点所决定的。特别是年龄较大、体质较差的老年人,更应做到这点。任何一种锻炼方式,要激发他们主动、自觉地进行,杜绝指令性方式。只有这样,才能起到健身的真正作用。

第四,老年人健身运动需要注意饮食平衡,保持健康、乐观的心理状态,避免憋气或过分用力;避免头朝下、骤然前倾、低头弯腰动作过猛;避免餐后马上运动等。

第五,老年人较易产生寂寞孤独感,因而适宜结群结伴进行健身运动,有利于人际交流,但也要注意调整心态,特别是一些竞赛类健身运动项目,切忌过于重视结果，造成激动情绪，影响身体健康，高血压、心脏病患者不建议从事竞赛性质的健身运动。

（三）老年人的健身运动项目选择

根据老年人的身心特点，健身运动项目应当包括如下特征：

（1）普遍能从事的运动。
（2）连续性强的运动。
（3）规则简单的运动。
（4）能根据自己体力调节运动量的运动。
（5）探索未知而取得乐趣的运动（如登山运动）。
（6）面向年轻人，对高龄人也不失魅力的运动。
（7）技术包含提高体力的运动。
（8）运动负荷小的运动。
（9）男女能一起共乐的运动。

老年人的健身运动大致可以分为三类，即轻度到中度的耐力运动、柔韧运动以及增强肌力的力量运动。

在运动项目的选择上，老年人要结合自身的生理特点、健康状况、运动目标以及个人兴趣等综合考虑，一般以大肌肉群参与的、能提高心肺功能为主的有氧运动为主。散步、快走、慢跑、游泳、太极拳等是老年人参与的主要全身运动。此外，选择灵活多样的运动形式亦有助于老年人取得理想的健身效果，如门球、登山、广场舞、健身气功、乒乓球、网球、气排球等。由于老年人血压容易升高，对于需要大负重的力量运动、无氧运动应尽量避免（图5-5）。

> 老年人：60岁及以上
>
> 适合运动：
> 轻度到中度的耐力运动，柔韧运动，小负荷力量运动，以大肌肉群参与的、能提高心肺功能为主的有氧运动

图5-5 适合老年人的运动项目

科学健身
——如何选择健身运动项目

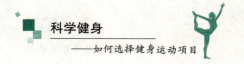

第二节 | 性别与健身运动项目选择

人类运动功能方面在开始进入青春期后表现出明显的性别差异，女性在力量、速度方面要弱于男性，而在柔韧和耐力方面可能略优于男性。不同性别人群在健身运动项目的选择上不仅与两性的运动功能差异有关，也与两性的心理特征、健身目的等的差异有关。

一、两性在运动项目选择上的偏好

（一）男性运动项目选择偏好

男性一般对于具有挑战性的运动项目具有较高的兴趣，在健身运动目的上多追求力量的增强、技术的表现与难度的挑战等。因此，男性适合选择的项目在运动功能方面以力量运动为主，如器械力量训练；在运动技术方面以非周期运动为主，如篮球、足球、排球、网球、羽毛球等；在实施组织方面以多人（集体）运动为主，如三人制篮球、五人制足球等。

（二）女性运动项目选择偏好

女性一般对于一些休闲式的运动较为感兴趣，在健身运动项目的选择上多追求形体塑造、趣味性、休闲性等。女性适合选择的运动项目在运动功能方面以耐力运动、柔韧运动为主，如快走、舞蹈、瑜伽等；在运动技术方面以周期性运动为主，如慢跑、跳绳等；在实施组织方面以单人与多人结合为主，如健身操、广场舞等。女性青春期后的月经周期现象、怀孕产子，以及特点明显的更年期均对健身运动的选择产生重要的影响（图5-6）。

男性

适合运动：
力量运动：器械力量
非周期运动：羽毛球、排球、网球等
多人（集体）运动：三人制篮球、五人制足球等

女性

适合运动：
耐力运动：快走、慢跑
柔韧运动：舞蹈、瑜伽
周期性运动：跳绳
单人与多人结合：健身操、广场舞等

图 5-6　适合不同性别人群的运动项目

二、女性月经期健身运动

（一）月经期的健身运动目标

女子在月经期也可参加适当的健身运动，因为适当的健身运动能改善人体机能状态，促进血液循环，改善盆腔的血液供应，并可通过运动时腹肌、盆底肌收缩与舒张交替进行，对子宫起到一定的按摩作用，促进经血排出，可以调节经期的精神状态和减轻小腹下坠等不适感觉，同时可以减轻痛经症状。

（二）月经期健身运动主要注意事项

第一，适当减小运动量，运动时间不宜过长，特别是月经初潮不久的少女，由于她们的月经周期尚不稳定，运动量更不宜过大，而要循序渐进，逐步养成经期锻炼的习惯。尽量参加一些自己比较熟悉的日常生活中的运动项目，如慢跑、体操等，但是需要注意的是，慢跑也就是比走稍微快一点，要掌握好速度。

第二，经期不宜从事震动和剧烈运动，不可以参加跳高、跳远、速跑、踢球等运动。任何增加腹压的运动都应该避免，如疾跑、跳跃、力量性练习等，易造成子宫异位和经血量过多。喜欢练瑜伽的女性朋友们注意了，在生理期不要做扭转挤压腹部的动作，也不可以倒立，以免造成经血倒流感染。

第三，月经期不宜游泳，以免病菌侵入内生殖器引起炎症。

第四，对于经期紊乱（经血过多、过少或经期不准）以及痛经和患有内生

殖器炎症的女性，月经期应暂停健身运动。

第五，即便是经期能做的所有运动，运动的前提是身体状况良好，一切以自身的情况来看，不舒服一定要停止运动。

（三）月经期健身运动的选择

月经期适当地参加健身运动有助于缓解月经期的不适，适合的运动项目有步行、广播操、乒乓球、太极拳、木兰拳、瑜伽等。不适宜从事的运动主要是增加腹压的运动，如力量性运动、跳跃类运动等。

三、女性怀孕妊娠期健身运动

（一）妊娠期的健身运动目标

妊娠期进行适宜的健身运动，可以帮助孕妇的身体适应妊娠的特殊要求，促进全身血液循环，促进胎盘的生长，从而有益于保护母体和胎儿，运动有助于减轻孕妇下肢水肿，保持良好的肌肉力量，有利于分娩过程的顺利进行。从妊娠的前、中、晚期来看，整个妊娠期均可视情况安排适宜的健身运动，尤其怀孕4~7个月是最适合运动的时期。孕妇健身运动的目标可概括为以下几个方面：一是保持新生儿出生前，心肺耐力和肌肉力量的水平；二是预防孕期体重的过度增加、孕期糖耐量下降和下背痛；三是促进分娩和产后生殖系统、身体形态的恢复。

（二）妊娠期健身运动主要注意事项

第一，怀孕妇女应与自己的医生商讨健身运动计划，并征得健康保健医生的同意。健身运动务必做好准备活动及放松练习。由于怀孕期间身体激素的变化会使得孕妇的肌肉较为松弛，关节灵活性较差，若准备活动不充分，很容易在运动过程中造成肌肉、关节的损伤。

第二，孕妇必须避免过度劳累与心动过速（每分钟应低于140次），避免长时间（超过40分钟）的健身运动和剧烈活动。避免在天气炎热和闷热时做运动，防止中暑。

第三，应该避免会对孕妇腹部造成损伤的运动，如接触性运动（篮球、足球等)、潜水等,另外尽量不要做仰卧位的运动(特别是怀孕 3 个月后),胎儿的重量会影响孕妇的血液循环,孕妇此时做仰卧运动可能发生危险。避免做弹跳式的运动及躯体过度屈伸的活动。若滑倒或碰撞到物体,都容易使胎儿产生撞击造成宫缩或破水,甚至发生早产。

第四,高危妊娠孕妇应该避免运动,包括有过流产史、死胎史、双胎史的孕妇;先兆流产、先兆早产、羊水过多、腹部韧带松弛、子宫颈可能提前开口的孕妇,出现前置胎盘、阴道不规则出血、宫缩提前等现象的孕妇,以及怀有双胞胎的孕妇。另外患有心血管、肺脏或代谢性疾病的女性在妊娠期的运动,应该接受检查并在运动时有一定的医疗监护,但妊娠期糖尿病孕妇可以正常从事适当的健身运动。

(三) 妊娠期健身运动的选择

在妊娠初期,孕妇可以在家人的陪伴下选择性进行室外健身行走,做简单的徒手体操等低强度的有氧运动,达到活动筋骨的目的。在妊娠中期孕妇应坚持多样性的健身运动,如步行、做孕期体操等以提高或保持运动功能水平,在妊娠后期则应根据个人的具体情况选择一些简单的低强度的有氧运动,如散步、垫上体操等。其中孕妇操的主要运动如下:

(1) 脚部运动。坐在椅子上或床边,腿和地面垂直,两腿并拢平放地面上。脚尖使劲向上翘,待呼吸一次后,再次恢复原状。将一条腿放在另一条腿上,上方腿的脚尖慢慢地上下活动,然后换腿进行。通过脚尖和踝关节的活动,能够增快血液循环和锻炼脚部肌肉,防止脚部疲劳。每次锻炼时间为 3～5 分钟。

(2) 盘腿运动。在床上坐定,盘好双脚。背部挺直,正视前方,两手放在膝盖上。每呼吸 1 次,双手将膝盖向下压至床面,反复进行。这项运动可以放松关节,伸展骨盆肌肉,使婴儿在分娩时顺利通过产道,每次可做 10 分钟左右。

(3) 扭动骨盆运动。仰卧在床,两腿与床成 45 度角,双膝并拢,带动大小腿向左右摆动。摆动时两膝好像在画一个椭圆,要有节奏地缓慢运动。双肩和脚底要紧贴床面,左腿伸直,右腿保持原状,右腿的膝盖慢慢向左倾倒。右腿膝盖从左侧恢复原位后,再向右侧倾倒,两腿交换进行。

（4）腰背肌肉运动。双膝平跪于床上，双臂沿肩部垂直支撑上身，利用背部与腹部的摆动活动腰背部肌肉。

（5）肩胛部与肘关节运动。盘腿而坐，肘部弯曲，手指扶在肩上，两上臂保持一条直线，然后将手指向外伸展，再放松肘关节。此运动不但可以减轻背痛，而且能强壮胸部肌肉。

（6）双腿高抬运动。仰卧床上，双腿高抬，脚抵住墙。此姿势可以伸展脊椎骨和臀部肌肉，并促进下肢血液循环。每日可练习数次，每次3~5分钟。

（7）大腿肌肉伸展运动。仰卧，一腿伸直一腿稍屈，伸直的腿利用脚趾收缩大腿、臀部和肛门的肌肉，然后放松。两腿交替练习，每日反复10次。利用大腿部肌肉的收缩，可减轻小腿和脚的疲劳。

四、女性产后健身运动

（一）产后的健身运动目标

女性生产后，根据身体恢复情况，可尽早通过健身运动促进会阴部肌肉血液循环及伤口愈合，减轻疼痛肿胀；增强胸肌作用，避免乳房松弛和下垂；促进腹肌、盆底肌收缩和子宫复旧；拉伸、强健腰背部肌肉，减轻腰背部疼痛。

（二）产后健身运动主要注意事项

第一，如女性产后体温超过38℃或产后感染，心脏血管、呼吸或泌尿系统严重并发症或分娩过程中进行过某些手术（剖宫产、会阴缝合等），可推迟锻炼的时间。

第二，产后锻炼初期运动量不可过大，应逐渐延长时间，运动动作幅度不可过大，用力不可过猛。若腹直肌分离检查中两侧腹肌距离超过2个手指宽度，那么在初期运动时不能做躯干弯曲和扭转的负重练习，防止加重腹直肌分离和骨盆耻骨联合分离。

第三，产妇最好在运动前给孩子喂奶。这是因为运动之后，身体会大量出汗，若运动后喂奶，则要进行沐浴和清洁，以保证乳房的干净卫生，所以要合理安排好喂奶和运动的时间。

（三）产后健身运动的选择

产后健身运动以体操为主，腹部可结合局部的、轻柔的按摩手法。一般分娩后的次日即可开始，具体做法如下。

1. 第 1 天运动

（1）胸式呼吸运动：仰卧，膝盖直立，脚心平放在床上，双手轻轻地放在胸口。慢慢地做深吸气，再把肺内的空气排空。吸气时放在胸口上的双手要自然离开。每 2～3 小时做 5～6 次即可。

（2）脚部运动：用胸式呼吸的姿势，双手放在两侧，脚伸直，后脚跟着地，脚尖伸直。脚尖向内侧弯曲，双脚脚心似合在一起。保持合在一起的姿势，脚尖向外翘。每天早、中、晚各做 1 次，每次 10 下。

（3）手指运动：伸直手臂，握拳。然后把手尽量地张开。每天可做 10 次。

2. 第 2 天运动

（1）腹式呼吸运动：与胸式呼吸姿势相同，双手放在腹部。做深呼吸，让腹部鼓起来，稍微憋会儿气，然后再慢慢地呼出，使腹部瘪下去。每天运动数可与胸式呼吸运动一样。每 2～3 小时做 5～6 次。

（2）抬头运动：撤掉枕头，双腿并拢伸直，一只手放在腹部，另一只手放在旁边。抬起头，眼睛能看到腹部上的手（此期间不停止呼吸），呼吸一次，再躺下。一天可做数次，每次要求每只手各做 5 次，共计 10 次，要在做腹式呼吸运动之后做此练习。

（3）脚部运动：双脚并拢，脚尖伸直，用力弯曲踝关节。绷紧脚部肌肉，膝盖不要突起。呼吸两次左右，恢复原状。每天早、中、晚各 3 次，每次 10 下。

3. 第 3 天和第 4 天的运动

（1）腹肌运动（绷紧腹部肌肉的运动）：和呼吸运动采用相同的姿势，双手放在背后，在身体和褥子之间留个缝隙，不停呼吸，慢慢地绷紧腹部肌肉用力（使身体和褥子之间的缝隙变得更小），一天数回，每回 5 次。

（2）倾斜骨盆的运动（调整产后腰身的运动）：后背平躺在床上，双手放在腰部。保持双膝伸直的状态，腰部右侧挺起牵动左侧。坚持一两秒钟，再恢复原状。每天早、晚两次。每次双腿交替各做5次。

（3）绷紧脚部的运动：脚尖交叉，上方的脚轻轻地敲打下方的脚2～3次。然后像绷紧腰部肌肉似的使大腿紧张，两腿向内侧拉，猛然绷直到脚尖。保持此状态呼吸一次，再慢慢放松，恢复原状。每天左右脚各做5次，共计10次。

（4）手部运动：手腕不要用力，上下晃动。每天可做数次，每次10下即可。

4. 第5天和第6天运动

（1）下半身的运动（举腿运动）：仰卧，双膝直立，脚心平放在床上。大腿和床成直角弯曲，呼吸一次，大腿更加靠近腹部。大腿和床的角度恢复原状，腿伸直，呼吸一次后放下腿。每日早、晚各两回。双腿交替各做5次。

（2）按摩胳膊运动：用手掌和手指从上到下揉搓胳膊的外侧。然后用相同的方法揉搓胳膊的内侧。每天可随时做此运动，做时左右交替各10次。

（3）扭动骨盆的运动：仰卧，膝盖直立，脚心平放在床上，手掌平放在两侧。双腿并拢，先向右倒，呼吸一次，再向左倒。每天早晚，左右各做5次。

（4）举落手臂的运动：仰卧，双手平伸，做深呼气。一边呼气，一边把手举到胸前，手掌合拢，再吸气，胳膊恢复原状。每天可做两回，每回5次。

五、女性更年期健身运动

（一）更年期的健身运动目标

女性到了更年期由于内分泌的变化，一般会出现潮热、出汗、心悸等生理现象，继而出现焦虑、多疑、悲观、缺乏自信等心理现象，遇到一点事情就会乱发脾气，心情不好且易造成恶性循环。因此女性更年期健身运动的主要目的是起到减缓女性因绝经引起的身体功能下降，防止发胖，减少骨质疏松的威胁。同时调节神经、活跃思维，保持一种身心放松的舒适状态，消除更年期阶段的负面情绪，营造健康积极的心理状态，达到平衡心理功能的效果。

（二）更年期健身运动主要注意事项

第一，运动前，应先做准备活动，可以防止突然剧烈活动造成的心慌、气促、晕倒等现象。运动后，应进行整理活动，使身体逐渐恢复到正常状态，以利于全身脏器的调整，也可预防对身体不利的情况发生。

第二，无论采用何种健身运动，必须使全身各部肌肉、骨关节等都能得到锻炼，但过度的运动，对健康是不利的，容易引起疲劳，甚至造成内脏或躯体的伤害。所以，在运动时应注意适当休息。所谓动静适度，应以轻、柔、稳为原则，在体育锻炼初期，宁少勿多，宁慢勿快，逐渐增加运动量。在运动时，应避免快速、旋转或低头的动作，或者有可能跌倒的动作。

第三，科学选择运动时间，早晨空气新鲜，精神饱满，是锻炼身体的最好时间。刚吃饭后，不宜马上进行活动，应休息1～2小时后，才适宜锻炼。

第四，随着运动量的增加应及时补充营养和水分。坚持运动锻炼的同时，身体会消耗大量热量，如果不注意补充营养，就会影响正常代谢，所以应合理搭配膳食，增加蛋白质摄入量，多吃水果、蔬菜，以便在运动的同时，达到养生保健的效果。

（三）更年期健身运动的选择

更年期的健身运动项目选择首先要考虑的是自己的兴趣。体育锻炼是一种长期的健身活动，如果不是根据自己的特点选择的，或不符合自己兴趣的运动项目，就难以坚持。喜欢运动的女性可选择爬山、游泳、跳健身舞、跳交谊舞等运动，喜欢安静的女性可选择练气功、打太极、做瑜伽等运动。此外，可选择力量性运动和伸展性运动来保持肌肉的力量与弹性（图5-7）。

月经期	妊娠期	产后期	更年期
适合运动：步行、广播操、乒乓球、太极拳、木兰拳、瑜伽等	适合运动：室外行走、徒手体操：脚部运动、盘腿运动、骨盆运动、腰背肌运动、肩胛部与肘关节运动等	适合运动：以体操为主：胸式和腹式呼吸运动、脚部运动、抬头运动、手指运动、骨盆运动、肢体运动等	适合运动：以兴趣为主，身体适应的负荷小的力量性运动和伸展性运动：爬山、游泳、健身舞、交谊舞、气功、太极、瑜伽等

图5-7 女性不同时期适合运动项目

第三节 | 其他人群分类与健身运动项目选择

一、地域特点与健身运动指导

对于地域差异，在健身运动指导方面，主要的人口地域结构变量是城乡。总体而言，对于城镇居民而言，健身运动作为健康的投资形式，在观念上已基本被接受，在时间和场地等方面也有一定保障，重点是将城镇居民的健身运动有益健康的认知转化为参与健身运动的行为，并且在专业指导下开展科学健身运动。对于农民而言，健身运动的意识还未完全建立，且缺乏健身运动的场地和科学健身的相关指导，因而除了应加强全民健身公共服务体系的建设，满足农民对健身运动需要的基本条件外，还应引导其认识健身运动益处、健身运动的基本理论和方法，引导其自觉参与健身运动。对于幼儿、学生人群而言，城乡的差异虽然存在，但相对于成人与老人而言，他们所受的影响因素较小。针对城乡成人特点的健身运动指导建议如下（图5-8）：

图5-8 城市居民和农村居民健身运动指导

（一）城镇居民健身运动指导

城镇居民的健身指导主要应关注健身行为指导方面，以及对不能经常运动人群的引导上。在认知上首先可以改变出行习惯和方式，以及利用工作、生活周围空闲场地和体育设施开展健身运动方法等方面的宣传。同时应强化单位、社区在居民健身运动指导中的作用，通过正确的知识教育、体育类活动的组织等促进城镇居民的科学健身活动。城镇居民的年龄、性别差异在健身指导上的差异化可参照年龄、性别特点与健身运动指导的建议。

（二）农村居民健身运动指导

农村居民的健身指导主要关注的是对健身运动价值认知方面的教育与宣传，提高全面身体锻炼有别于体力劳动的认识，强化体育锻炼与健康的关系。在健身运动实践指导方面，主要是因地制宜地利用周围的场地、设施开展健身运动，并形成习惯。农村居民的年龄、性别差异在健身指导上的差异化方面，特别需要关注35岁以上农村女性居民的运动健身理念的提升和健身运动习惯的养成。

二、职业人群特点的健身运动指导建议

（一）专业技术人员的健身运动指导

专业技术人员的健身运动指导主要关注健身意识向健身行为的转化，即帮助他们提高对健身运动价值的认知，促使其将健身意识积极地转化为实践。在具体的指导上主要是利用工作环境、公共体育设施有规律地开展健身运动，养成良好的、利用碎片时间进行锻炼的习惯（图5-9）。

女性专业技术人员尤其需要养成以简单运动方法，如快走、慢跑、瑜伽等练习养成终

图5-9 不同职业人群健身运动指导

科学健身
——如何选择健身运动项目

身锻炼的习惯，男性则主要关注35岁以上人群运动习惯的保持。

（二）机关公务人员的健身运动指导

机关公务人员的健身运动指导同样主要关注健身意识的转化，进一步认知运动价值，让运动意识顺利向行为转变。在具体指导上主要是利用休闲时间，采用单位、家庭简易设施、附近公共体育设施形成能够较全面发展身体各项机能和素质的习惯性健身运动。35岁以上的机关公务人员需要加强对体重控制的认知教育和方法指导，其中管理人员需要加强利用碎片时间进行锻炼的方法指导，并形成习惯。

（三）商业服务人员的健身运动指导

商业服务人员的健身运动指导主要关注健身意识的培养，以及根据自身工作规律利用家庭、附近公共体育设施开展基本的身体机能和素质的锻炼方法，在健身运动的科学化指导上应予以加强。

（四）农林牧渔水利人员的健身运动指导

农林牧渔水利人员的健身运动指导主要关注的是健身运动价值的宣传与普及，使其进一步意识到健身运动有别于体力劳动的认识，强化体育锻炼与健康的关系。在健身运动实践指导方面，主要是因地制宜地利用周围的场地、设施开展健身运动，并形成习惯，同时鼓励女性积极参加运动。

（五）生产运输工人的健身运动指导

生产运输工人的健身运动指导同样主要关注的是对健身运动价值的教育和普及，认知运动与一般体力劳动的区别和意义，强化体育锻炼与健康的关系。在健身运动实践指导方面，主要是合理利用周围公共体育设施开展健身运动，并形成运动习惯。

（六）自由职业人员的健身运动指导

自由职业人员的健身运动指导主要关注于对健身运动价值认知方面的教育与宣传，强化体育锻炼与健康的关系。在实践指导方面主要是培养运动的兴趣，帮助确定适合自身的运动项目，养成自觉锻炼的习惯，并明确全面身体机能和素质发展的重要性和实现这一目标的具体方法。另外，自由职业人员时间相对自由而不固定，因此要合理安排好运动和工作的时间，合理安排运动计划。

第六章 慢性病人群健身运动项目的选择

慢性病的预防与治疗已经成为《"健康中国2030"规划纲要》中的主要工作范畴,大量的研究表明,合理地开展健身运动不仅是慢性病预防的重要内容,也是慢性病治疗的主要手段之一。由于慢性病的病因复杂,不同的慢性病对人体功能的影响有较大的差异,因而选择合理的健身运动项目进行有效锻炼能有效延缓病程,也能促进疾病的康复。本章主要就各类慢性病患者的健身运动目标、健身运动的主要注意事项进行阐述,说明慢性病患者在健身运动时应当遵循的原则(图6-1),并在此基础上就各类慢性病患者健身运动项目的选择提出建议。

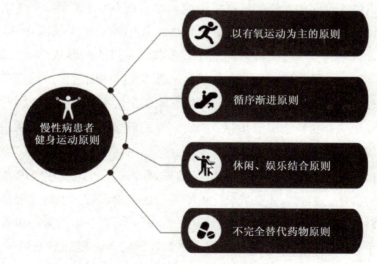

图6-1 慢性病患者健身运动原则

第一节 | 慢性病患者健身运动原则

一、以有氧运动为主的原则

虽然各种慢性病的病因差异较大,但是缺乏身体活动已经被证明是多种慢性病的独立影响因子。欧美国家首先倡导的"运动是良医"或"运动是良药"正是基于健身运动可预防和治疗各种慢性病的事实提出的。

在身体活动过程中,神经、肌肉等多个器官系统协调工作,这就要消耗能量,如同汽车要开起来就要使各个部件配合燃烧汽油或使用蓄电池一样。人体的运动所需要的能量来源于三种途径,一是人体肌肉中储存的磷酸肌酸的快速分解;二是糖的无氧酵解,这是一种特殊的生物化学反应方式,在产生乳酸的同时提供热量;三是糖、脂肪、蛋白质的有氧氧化,其中蛋白质只有在极端情况下,如超负荷的极限运动、恶劣环境下或某些疾病状态下才会氧化分解供能。一般的健身运动中人体所需要的能量由糖和脂肪的有氧氧化供给,只有在运动强度较大的运动中机体才会动用无氧酵解系统供能。比如在100米赛跑、400米赛跑、快速自行车比赛、拳击运动等情况下,机体所消耗的能量由无氧氧化的形式供能。也就是说,机体只有在应激的情况下才会采取无氧供能的形式满足能量的需求。正常的供能形式就是有氧氧化,有氧氧化是机体新陈代谢过程中最重要的生物化学反应过程,而目前许多慢性病都与人体有氧氧化过程异常有关。因此,有氧运动既能有效地消耗糖和脂肪这些能源物质,促进新陈代谢过程的活跃,又能促进机体有氧氧化反应的正常运行。

由于很多慢性病都与"吃动平衡"的失调有关,因此慢性病患者通过提高身体能量的消耗,刺激人体有氧氧化供能系统的正常运行,无疑是慢性病患者康复的重要路径。大量事实证明,中低强度、长时间的有氧运动对心血管系统以及能量代谢系统的正常运行是最有效的,是有效预防各种慢性病发病的"良药";同样对于已经患有某种慢性病的人来说,低强度、长时间的有氧运动不仅可以保障患者健身运动的安全，也是患者提升身体各项机能水平的有效手段，还是延缓病程、实现康复的"良药"。因此，各种形式的有氧运动是慢性病患者健身运动的首选项目。

二、循序渐进原则

有人问什么样的运动最有利于减肥，是篮球还是游泳？回答是：什么样的运动能有效减轻体重，只要注意，一要合理控制运动负荷；二要持之以恒。对任何的慢性病治疗与康复都是如此，运动对机体内环境和功能方面的影响是缓慢的，是通过运动刺激促进机体功能增强的自我组织过程，因而不可能一蹴而就。这个道理虽然简单，但在运动康复与治疗中能真正做到持之以恒的实在不多。

之所以要做到持之以恒的另一个原因是运动锻炼对机体产生的积极效应在中断锻炼后的较短时间内将会消退，如果不能坚持，前期的锻炼效果将会很快消失殆尽。反之，持之以恒的锻炼会使机体的新陈代谢及运动过程中的能量供给形式形成"习惯"，即在一定运动负荷的刺激下优先动用哪种供能系统在于长期运动锻炼过程中机体形成的"代谢习惯"。只有长期锻炼才能得到此种效应。

所谓循序渐进就是指在运动治疗与康复过程中，运动强度和运动量也要不断进行调整，并逐步提高。前边所提到的，长时间、低强度的有氧运动就是针对运动负荷的，而这里的长时间和低强度则是相对的概念，长时间是多长，低强度是多低，这要根据具体运动者的体能情况而定。当运动者在某种强度下锻炼了一段时间后，这个强度对其而言可能已经偏低了，因为其运动能力已经提高了，这就需要提高运动强度以适应新的机体要求。当经过一定时间的锻炼之后便可将运动负荷固定在一个大致的范围，以维持机体的功能水平。在此功能水平上，随着季节、气候和运动者的身体情况的变化，运动负荷水平也应当随时做出相应的调整，灵活安排。

三、休闲、娱乐结合原则

很多人对运动锻炼的态度过于功利化，这是本书所极力反对的。所谓运动锻炼功利化就是说在从事运动锻炼的过程中过分强调运动健身、治疗的功效，甚至把运动看作是像药物一样的治病良方，把运动锻炼看作是生活中最重要的活动。这种态度往往会使得运动者把运动当作一种任务甚至成为一种压力。比如有些老年人退休后每天定下闹钟，天刚亮就起床，准点去参加运动锻炼，结果把自己搞得比退休前还紧张。这样做并不利于健康，反而会增加自己的精神压力。另外，在运动锻炼的时间上也应尽量选择自己感觉轻松、休闲的时间，而不应过于强迫自己按点起床，准点锻炼。早晨早起锻炼其实不见得是好事。很多运动生理学的研究已证实，过早运动其实对健康不利，因为人体从睡眠状态进入运动状态的过程中，各器官、系统的机能需要有一个适应过程，否则就对某些器官、系统的健康不利，尤其对于心血管系统的功能不利。在生活中，晨练的人出现意外的情况已有很多。人们不禁要问，运动锻炼到底好不好？其实，科学的运动锻炼能够促进健康，不科学的运动锻炼可能会对健康造成伤害，甚至导致危险。

所以运动锻炼，特别是治疗和康复运动，一定要使之成为人们的休闲、娱乐工具，在轻松、愉快的心境下增加机体的运动活动，从而使身体、心理、精神等方面都能从中得到益处。为此，从事运动锻炼需要考虑以下几个外在条件：第一，要选择自己感觉最轻松、休闲的时间，同时要考虑这个时间段里的气候、阳光、空气质量等。比如现在许多运动生理学专家强调下午3~5点是最佳的运动锻炼时间，因为这个时段通常情况下阳光充足，紫外线又不太强，在大部分季节里，这个时段也是一天中气温最适宜的时候。另外，下午3~5点是一天中空气质量相对较好的时候。一天当中各种交通工具穿行，引来尘土飞扬，到了晚上这些尘土开始下降，早晨较早的时候这种尘降还没有结束，只是早晨气温较低，给人的感觉似乎空气新鲜，其实不然。第二，从事运动锻炼可以选择集体性的运动活动，选择好的运动伙伴，这样可以使运动锻炼与社交活动结合起来，在锻炼过程中与他人进行心智、情感与信息的交流，使运动锻炼活动成为一种运动与娱乐并举的活动。第三，运动锻炼时要控制运动负荷，要使自己始终感到轻松、愉悦。对于运动锻炼而言，并不是"超量负荷"就能够带来"超量恢复"的效果。

四、不完全替代药物原则

对于某些慢性病患者而言，运动锻炼不能完全替代药物治疗，而只能辅助促进康复。某些慢性病患者服药多年，除了承担着较大的经济负担，每天的服药行为总是不自觉地提醒自己是一个患者，因而心理上的负担也不言而喻。现在某些运动健身或气功组织宣传他们的锻炼活动可以帮助患者摆脱每天服药的烦恼，使练习者能够完全康复到患病前的状态。其实这种宣传是不负责任的，很多情况下慢性病患者是需要终身服药的，比如某些糖尿病患者、高血压患者，停药对他们来说是危险的。运动锻炼可以对某些程度的疾病具有完全康复的效果，而对于有些疾病则只能促进其康复或保持患者的良好状态，延缓病情的发展。

科学的运动锻炼对慢性病患者健康的影响是广泛而深入的，患者可以在药物治疗的基础上积极从事运动锻炼，使运动与药物的影响相辅相成，更好地提高身体机能，逐渐减少病患对药物的依赖，使机体的功能活动慢慢进入良性循环的轨道。从这个角度讲，很多慢性病可以通过合理的运动锻炼达到完全康复的目的，当然需要因病因人而异。

第二节 | 心脑血管疾病患者的健身运动

心血管疾病是我们日常生活中最常见的慢性病，是心脏疾病和血管疾病的统称，主要有冠心病、心肌病、瓣膜病、脑卒中、周围血管病及高血压等。因这些疾病有着共同或相似的病因、发病机制和治疗手段，因而归为一类疾病。心血管是人体氧气和营养物质运输的主要器官，其结构功能的正常对人体的运动起着非常重要的作用，反之人体运动对其结构功能的影响也十分显著。因此，健身运动不仅是预防心血管疾病的最主要手段，也是心血管疾病患者康复的有效手段。这里主要介绍常见的冠心病、高血压、脑卒中患者的健身运动。

一、冠心病患者的健身运动

冠心病是冠状动脉粥样硬化性心脏病的简称,是供应心脏血液的血管(冠状动脉)的粥样硬化病变,导致管腔变窄、阻塞,造成心肌缺血、缺氧,从而产生胸闷、憋气、心绞痛等症状,甚至造成心肌梗死、猝死等。冠心病是人类健康的头号杀手,是影响人类健康的主要慢性病之一。

(一)冠心病患者的健身运动目标

根据冠心病的病程进展和康复治疗的特征,国际上将冠心病的康复治疗分为三期,即住院期、恢复期和慢性期。住院期(Ⅰ期)指急性心肌梗死或急性冠脉综合征住院期,主要康复内容是康复教育和低水平的体力活动;恢复期(Ⅱ期)指患者出院后到病情完全稳定的时期,时间大概为5周,主要康复内容为逐步增加体力活动,为恢复工作做准备;慢性期(Ⅲ期)指患者病情长期处于稳定状态,或Ⅱ期过程结束的冠心病患者所处的阶段,包括陈旧性心肌梗死、稳定性心绞痛和隐性冠心病。慢性期健身运动是促进机体各项机能恢复、防止急性复发的有效手段。通过运动可改善患者体内脂质代谢情况,防止和缓解粥样斑块在血管壁沉积;促进侧支循环,改善缺血区的血液灌流量,增加心肌供血和供氧,提高心脏工作效率;减轻心脏负荷,降低冠心病危险因素的威胁;恢复体力,降低各种危险因素的作用,防止冠心病的复发。此外,还可改善患者生活质量,提高其生活自理能力,最大限度发挥心脏潜能;转移患者对疾病的注意力,调动患者内在的积极因素,克服抗拒运动的心理,使患者能主动掌握动和静的规律,有助于减少或减轻心绞痛的发作。

(二)冠心病患者健身运动主要注意事项

第一,冠心病患者康复治疗的前两个阶段由医院和门诊医生负责,患者需要遵循医嘱进行相应的健身运动,住院期间和刚出院期间的运动主要包括床上或床边的运动,如坐起、病房内走动、爬楼梯等。

第二,病情稳定期的健身运动实施也应在医生的允许和指导下进行,运动前必须做运动功能试验,以确定安全有效的运动强度,保证健身运动的效果,防止出现意外。

第三，运动时，可根据患者的主客观情况，选择组合不同种类运动，注意全身运动的协调性。要控制好运动强度，学会依据心率变化和自我感觉来调整运动强度，运动中应无明显的疲劳感和不适感。在运动前做 3～5 分钟的准备活动，在运动后做 5～10 分钟的整理活动，使身体在运动前后都有一个逐步适应过程。

第四，选择健身运动项目时动作应由易到难、由简到繁，运动强度也应由小到大，循序渐进，持之以恒。逐渐使身体适应运动，同时也使运动效果不断得到积累，直至达到满意的健身效果。

第五，患者在运动前 2 小时内应不饱餐或饮用兴奋性的饮料，运动后避免即刻进行热水浴，以免发生血压下降及心律失常；在健身运动期间，为了配合运动要做到合理膳食，加强营养，保证睡眠，并经常观察疾病的恢复情况，以便于运动方案的随时调整。

（三）冠心病患者健身运动项目选择

冠心病患者出院后的慢性期的健身运动项目选择如下（图 6-2）：

冠心病患者健身运动项目
- 日常生活中的身体活动：家务劳动、购物等
- 有节律的有氧运动：健身气功、慢走、快走、室内跑步机、骑功率自行车、慢跑、骑自行车、太极拳和游泳等
- 静力性运动和循环动力性力量训练：踝关节背伸、直腿抬高、站桩、蹲马步、弹力带、低负荷的器械等
- 综合运动：放松性运动、医疗体操和柔韧性训练等

图 6-2 适合冠心病患者的运动项目

1. 日常生活中的身体活动

日常生活中的身体活动，如家务劳动、购物等，作为健身运动的一部分，以最大限度地恢复患者生活与工作能力，鼓励其回到日常活动中。

2. 有节律的有氧运动

有节律的有氧运动是冠心病患者最基本的康复健身运动项目，有氧运动常采用的运动项目有健身气功、慢走、快走、室内跑步机、骑功率自行车、慢跑、骑

自行车、太极拳和游泳等。

3. 力量性运动

鼓励大部分冠心病患者参与力量性运动,但力量健身运动项目执行过程中要注意动作缓慢、充分伸展、避免紧张、憋气,患者应保持规律的呼吸方式,同时注意医务监督。冠心病患者力量练习的主要方式是静力性运动和循环动力性力量训练。静力性运动可进行踝关节静力性背伸、静力性直腿抬高,并逐渐发展为站桩、蹲马步等项目。循环动力性力量训练的方式可利用弹力带、较轻的重物或者低负荷的器械等。

4. 综合运动

综合运动是指进行放松性运动、医疗体操和柔韧性训练等。

二、高血压患者的健身运动

高血压被定义为动脉收缩压或(和)舒张压分别达到或超过140毫米汞柱及90毫米汞柱,以及需要服用降压药或被医生或其他健康专业人士至少两次告知血压升高的情况。高血压按其发病原因分为继发性高血压和原发性高血压。继发性高血压又称高血压症,是由于某种疾病导致的血压升高,如肾小球肾炎、肾盂肾炎等。其他疾病引起的高血压症一般只要原发疾病治愈了,血压也可随之降至正常,这类患者占高血压患者总数不足10%。原发性高血压又称为高血压病,由于长期外周血管阻力增加,损害动脉壁,进而导致动脉血管硬化的发生。原发性高血压如果与高脂血症等危险因素并存,则加速脏器动脉硬化病变的发生和发展,最终可能导致脑卒中、心肌梗死、心力衰竭及慢性肾脏病等重要器官损害的独立性全身疾病,这类病约占高血压患者患病总数的90%以上。高血压病被称为"安静杀手",因为高血压病早期,患者往往没有症状,待发现后为时已晚,不仅致残、致死率高,而且严重消耗医疗资源和社会资源,给家庭和国家造成沉重负担。国内外的实践证明:高血压是可以预防和控制的疾病,降低高血压患者的血压水平,可明显减少脑卒中及心脏病发生率,显著改善患者的生活质量,有效降低疾病负担。

（一）高血压患者的健身运动目标

高血压患者进行健身运动的目标：提高大脑皮质调节植物性神经功能的水平，降低交感神经兴奋性，提高迷走神经的兴奋性，缓解小静脉痉挛，将血压降到"正常"或者"理想"的水平，从而降低心血管疾病的风险，逐步减少用药量；降低毛细血管、微动脉及小动脉的张力，调节血液循环和血液中升压激素和降压激素的含量，使升压激素含量减少，降压激素含量升高；减轻患者应激反应，抑制身心紧张，消除焦虑状态。

（二）高血压患者健身运动主要注意事项

第一，不同程度的高血压患者应有不同的运动方式及运动量，运动中应严格掌握运动强度，患者可根据自己的体质、病情、年龄等情况调整和确定运动强度。Ⅰ期高血压患者可进行正常体育锻炼或中等强度的运动；Ⅱ期高血压患者可采用低强度的运动，如健身操、太极拳、步行等；Ⅲ期高血压患者可做气功锻炼及肢体按摩活动等。对已有并发症的Ⅱ、Ⅲ期高血压患者，应避免大强度竞技性运动和静力性屏气锻炼。

第二，运动前、后分别做好准备活动和放松活动，加强医务监督，随时自我观察身体情况的变化，避免一味强调、机械追求"适宜运动心率"的出现，学会自我控制。在运动时间上，强调饭后1小时内、饮酒后、洗澡后均不要运动，当自己感到疲劳、虚弱或感冒时也不要运动。如遇到身体不适、明显疲劳及其他异常，应立即减小运动强度或停止运动。

第三，高血压的治疗是一个综合治疗过程，包括了药物、护理、饮食、精神及运动疗法等多方面的措施手段，运动疗法仅为其中一个组成部分。因此，要保证足够的睡眠，其他几方面如控制饮食、消除紧张、加强护理、按时服药等也不能忽视。运动期间，还要考虑到药物对血压及心血管系统的影响，定期检查血压，观察和了解血压的变化，为下一步运动计划的修订提供依据。

第四，运动必须持之以恒，坚持不懈，只有这样才能保证运动疗效，最终达到运动降压的效果。因此，高血压病人坚持运动是取得和维持降压效果及防治心血管病的关键。不管是运动时间还是运动量都要循序渐进，待身体状况适应后再

逐步增加运动时间和提高运动强度。

（三）高血压患者健身运动项目选择

1. 有氧运动

运动类型选择应以降低外周血管阻力的有氧运动为主，如步行、慢跑、骑车和游泳等。老年高血压患者可选择练习太极拳、气功、降压操等，患者也可根据自己的兴趣爱好选择运动项目，应选择那些容易令患者放松、有节奏、便于监控的全身性运动项目（图6-3）。

适合运动
- 有氧运动：如步行、慢跑、骑车、游泳、太极拳、气功、降压操
- 力量运动：俯卧撑、仰卧起坐、弹力带拉伸等
- 柔韧运动：循序渐进拉伸各关节

图6-3　适合高血压患者的运动项目

2. 力量运动

渐进性力量健身运动可有效降低患者安静状态的收缩压和舒张压，是有效的非药物干预方法。因此，建议轻度高血压和健康状况良好的老年人选择循环性的力量健身运动，可采取中、小强度的利用克服自身体重的运动（俯卧撑、仰卧起坐等），也可采用弹力带进行躯干和四肢肌肉拉伸的锻炼（图6-3）。

3. 柔韧运动

循序渐进地拉伸人体各关节，逐步提高身体的柔软度（图6-3）。

三、脑卒中患者的健身运动

脑卒中是严重威胁人类健康的主要疾病之一，其发病率、死亡率、致残率高，加之近年来有年轻化趋势，因而已成为严重的公共卫生问题。脑卒中是脑中风的学名，是一种突然起病的脑血液循环障碍的疾病，又称脑血管意外。因各种诱发因素引起脑内动脉狭窄、闭塞或破裂，造成急性脑血液循环障碍，临床上表现为一过性或永久性脑功能障碍的症状和体征。引起脑卒中的因素很多，如肥

胖、不良生活习惯等。脑卒中可分为缺血性脑卒中（脑血栓、脑栓塞）和出血性脑卒中。脑卒中分为急性期、恢复期和后遗症期。目前，提倡三级康复治疗，即急性期在医院病房内进行早期康复治疗（第一级康复治疗），恢复期在康复中心或综合医院康复科进行康复治疗（第二级康复治疗），后遗症期在社区进行康复治疗（第三级康复治疗）。要重视早期康复治疗（最佳时期6个月内），一般经过急性期、恢复期的临床和康复治疗，绝大部分脑卒中患者在6个月内神经功能已恢复至最高水平，偏瘫功能的恢复在1年后逐渐停止。

（一）脑卒中患者的健身运动目标

脑卒中患者健身运动的主要目标是偏瘫患者上、下肢运动功能的提高和日常活动能力的改善。急性期的运动主要是预防并发症和继发性损害，调控心理状态，为恢复期的功能恢复打好基础。恢复期的运动主要缓解肢体的肿胀、疼痛，避免关节的僵硬、肌肉痉挛和萎缩，促进患肢的功能再现。根据病程的不同，早期功能锻炼主要包括他助被动运动、自助被动运动和主动运动。后遗症期的运动主要是提高日常生活活动能力（洗脸、刷牙、吃饭、更衣、如厕和移动等），防止废用综合征，改善整体身心功能状态。

（二）脑卒中患者健身运动主要注意事项

第一，脑卒中患者的运动康复强调的是一个综合康复治疗过程，健身运动是其中的重要组成部分。在实施健身运动计划中，需要向患者说明运动动作的要领及作用，同时不断鼓励患者，让他们感受到运动的效果，以坚定其信心。

第二，脑卒中病发生后半年之内是康复的黄金时期，半年之后，称为后遗症期，健身运动的效果会大打折扣。所以，应该在损伤的急性期就开始进行相应的运动康复，这样才能减少并发症及伤残的发生和发展。在临床实践中患者病情一旦稳定，无进行性加重表现，躺在床上就要对病人进行被动的肢体活动。脑梗死2周后，脑出血3、4周后，病情平稳，就应下床进行被动和主动的活动。

第三，由于主动运动较之被动运动对促进神经功能恢复、活跃局部代谢有更大的作用，因而应鼓励患者尽早地主动参与功能训练，因为自行完成各种生活活动具有更加积极的意义。除运动早期可以加入治疗师的辅助和助力的被动活动外,在运动中应鼓励患者尽可能地主动参与,从而更有效地促进受损神经的再生和复苏,加快脑神经功能重组,加速肢体运动功能的恢复。

第四,由于脑卒中导致患者肢体功能活动降低,部分关节肌肉处于废用状态,患者关节强直、肌肉萎缩。因此,在运动时要加强保护关节、韧带和肌肉,特别是对于肌张力较高的肢体,动作要轻柔舒缓,活动范围不可超过正常,以免造成二次损伤。

第五,患者在进行功能锻炼时,衣着应大小合适,应尽量避免穿过紧的衣服,影响循环功能,不利于肢体的活动和功能的恢复。同时也应注意,良好的锻炼环境也会对锻炼的效果产生积极的作用。

(三) 脑卒中患者健身运动项目选择

脑卒中患者的健身运动项目选择是基于患者自身能完成的主动运动,一般在恢复期的后期开始(图6-4)。

适合运动:
- 步行功能的恢复运动:翻身→坐→坐位平衡→双膝立位平衡→单膝立位平衡→坐到站→站位平衡→步行
- 上肢及手功能运动:肩关节运动、肘关节运动、手部运动,先健侧后患侧
- 日常生活活动为内容的运动功能运动:患侧的力量运动和步行的步态恢复运动

图6-4 适合脑卒中患者的运动项目

1. 步行功能的恢复运动

遵循人类运动发展的规律,按照由简到繁,由易到难的顺序进行,从翻身→坐→坐位平衡→双膝立位平衡→单膝立位平衡→坐到站→站位平衡→步行的重复功能运动活动,重塑运动中枢神经系统的功能。

2. 上肢及手功能运动

包括:肩关节运动、肘关节运动、手部运动等。运动顺序按照先健侧后患侧。

3. 日常生活活动为内容的运动功能运动

主要包括患侧的力量运动和步行的步态恢复运动。

第三节 | 代谢性疾病患者的健身运动

随着生活水平的提高，人们开始容易患糖尿病、肥胖症、高血脂等代谢性疾病，本节就着重介绍这三种疾病的康复运动处方。

一、糖尿病患者健身运动

糖尿病是由于胰岛素分泌减少或胰腺功能减弱引起的，以空腹血糖水平升高（高血糖）为特征的一组代谢性疾病，常出现烦渴、多饮、多尿、多食、疲乏、消瘦等症状，且表现出"三多一少"的特征，使患者生活质量降低、寿命减短、病死率增高。糖尿病的病因和发病机制尚未完全阐明。根据不同病因，可以分为以下4种临床类型，即1型糖尿病、2型糖尿病、妊娠糖尿病和其他特殊类型糖尿病。妊娠糖尿病和其他特殊类型糖尿病都为继发性糖尿病，是由其他疾病诱发引起的。1型糖尿病、2型糖尿病皆为原发性糖尿病，其发病原因及发病人群不同。长期以来，运动被认为是2型糖尿病治疗方法中的基石，传统的耐力运动被推荐为预防和治疗2型糖尿病最适宜的运动方式。

（一）糖尿病患者的健身运动目标

通过减轻外周组织对胰岛素的抵抗，改善糖和脂肪代谢，提高肌肉对葡萄糖的利用率，降低血脂，减少血糖和尿糖；增加患者对胰岛素受体的敏感性，逐渐减少口服降糖药和胰岛素的需要量；增强体力和抵抗力，促进患者健康，预防和控制感染及其他并发症的发生。

对于1型糖尿病，最直接的目标是促进患者整体机能水平的提高；而2型糖尿病患者参加运动的主要目标是控制体重和提高血糖清除速率，同时结合所患有的并发症和具体状态，制定相应的处方。

（二）糖尿病患者健身运动主要注意事项

第一，糖尿病患者进行运动疗法有严格的适应证和禁忌证。因此，运动之前，应到医院做详细的体格检查和耐力运动试验，以获得最佳运动适宜心率范围，保证锻炼安全有效。之后在医生的指导下进行运动。

第二，运动前进行 5~10 分钟的准备活动，使机体适应运动状态；运动中加强医务监督，若出现血糖波动、并发症、疲劳难以恢复等，应立即停止运动；运动后至少做 10 分钟的整理活动，使心率恢复到比静息时每分钟高 10~15 次。切忌突然停止不动，以防不测。

第三，因为运动后肌肉对葡萄糖摄取利用增加，所以糖尿病患者参加运动锻炼过程中经常出现的医学问题就是低血糖，而低血糖继发的运动意外如晕倒、跌伤比低血糖本身更严重。因而运动应该避免安排在降糖药物作用高峰期，运动时可以携带糖果备用。同时要定期检查身体，密切监测血糖、尿糖和症状的改变，时时关注自己的体重，评价锻炼效果，不断调整运动方案。

第四，改变不良的生活方式，严格控制饮食；同时充分认识运动作为一种基础疗法对糖尿病的意义所在，养成经常锻炼的习惯。掌握适宜的运动强度，选择适合自己的运动项目和运动方式。运动强调循序渐进，从小运动量开始并逐步增加，运动疗法必须持之以恒，长期坚持才能达到理想的效果。

第五，糖尿病伴随视网膜病变的患者，其视网膜剥离和玻璃体积血的危险与较大强度运动相关，因此要避免憋气、剧烈运动等。

第六，注意并发症的控制，有外周神经病变的糖尿病患者应采取足部防护措施，预防足部溃疡；有肾脏疾病的患者，进行可耐受的中等强度运动；有明显酸中毒、高酮血症或严重的心肾并发症者，以及病情尚未得到控制的重度 2 型糖尿病患者不宜进行运动。

（三）糖尿病患者健身运动项目选择

糖尿病患者的运动以全身运动为最佳，有益于改善糖、脂代谢，提高身体机能。对于无法挤出特定时间运动的糖尿病患者，建议尽量骑自行车上下班，或在目的站的前一站下公交车或地铁，步行上班，鼓励徒步上下楼，尽量少乘电梯。针对高胰岛素血症的糖尿病患者，可在有氧运动中加入较低强度的力量运动项目，以减轻胰岛素抵抗，并增加骨骼肌的体积，增强力量素质，但必须注意不要过度增加心血管系统和骨关节系统的负担。

适合于 2 型糖尿病患者的运动主要包括：中等强度的节律性有氧运动，如散步、慢跑、游泳、骑自行车等；全身肌肉都参与活动的中等强度的有氧运动，如医疗体操、健身操、太极拳、木兰拳等；适当的娱乐性球类活动，如门球、保龄球、羽毛球等。肥胖型 2 型糖尿病患者的运动疗法也可以选择上述各类运动，但运动强度不宜过大，运动持续时间宜适当延长。避免过度激烈紧张的剧烈运动。

运动项目的选择因人而异。患者均可根据自身特点如年龄，性别，体质状况，文化背景，个人生活、运动习惯及爱好等不同而酌情选择。运动项目不必是单一的，可多种形式交替进行，主要选择中低强度的有氧运动项目为主即可。2003 年国际糖尿病联盟提出，将运动穿插于日常生活之中，如步行上楼梯，做家务，踏自行车或步行上班，花更多的时间种花养草，生活中能手工做的工作尽量不用工具等。

可选择的项目很多，但结合各种情况和因素总结如下：

（1）老年糖尿病患者：散步、下楼梯、平地自行车、太极拳、体操、轻微家务劳动等。

（2）肥胖型糖尿病患者：平地快走、慢跑、上楼梯、坡道自行车、登山、各类球类训练、擦地板等。

（3）轻度糖尿病无并发症患者：游泳、体育比赛、力量性运动、拳击、体力劳动（图 6-5）。

适合运动：

✓ 老年糖尿病患者：散步、下楼梯、平地自行车、太极拳、体操、轻微家务劳动等

✓ 肥胖型糖尿病患者：平地快走、慢跑、上楼梯、坡道自行车、登山、各类球类训练、擦地板等

✓ 轻度糖尿病无并发症患者：游泳、体育比赛、力量性运动、拳击、体力劳动等

图 6-5　适合糖尿病患者的运动项目

二、肥胖症患者健身运动

正常男性成人脂肪组织重量约占体重的 15%～18%，女性约占 20%～25%。肥胖是指当人体摄入食物过多，消耗能量的体力活动减少，摄入的热量超过了机体所消耗的热量，过多的热量转变为脂肪大量蓄积起来，使脂肪组织异常地增加，体重超过正常值 20% 以上，有损于健康的一种超体重状态。肥胖症分单纯性肥胖和继发性肥胖两类。单纯性肥胖是各种肥胖中最常见的一种，约占肥胖人群的 95%，单纯性肥胖简而言之就是非疾病引起的肥胖，其发生原因主要是多食少动。这类人群全身脂肪分布比较均匀，但不伴有神经或内分泌系统的形态及功能异常现象，也无代谢障碍性疾病，其家族往往有肥胖病史。继发性肥胖和单纯性肥胖不同的是，继发性肥胖是由于疾病或其他因素，如内分泌机能障碍、精神情绪因素等引起。虽然同样具有体内脂肪沉淀过多的特征，但仍然以原发性疾病的临床症状为主要表现，肥胖只是这类患者的重要症状之一。以下指导针对的是以单纯性肥胖为主的肥胖症患者。

（一）肥胖症患者的健身运动目标

运动能大大增加能量的消耗，加快利用机体多余的脂肪，减少异生脂肪的聚集，减轻体重；运动改善神经内分泌系统对新陈代谢的调节功能，刺激脂肪代谢，从而减少脂肪组织的存积。运动还能提高脂蛋白酶活性，有利于脂肪组织中脂肪的动员，并降低甘油三酯和低密度脂蛋白胆固醇，增加高密度脂蛋白胆固醇。此外，运动还能增强患者的身体素质，可以预防和对抗并发症的发生。

（二）肥胖症患者健身运动主要注意事项

第一，运动减肥的主要目的是追求健康，切不可以损失健康为代价，初练者在开始实施健身运动前，须经过必要的医学检查，判定心功能状况，排除心血管系统并发症，进行运动耐力实验，以获得最佳运动适宜心率范围，以保证健身运动减肥的安全性。

第二，减肥健身运动的同时，要改变不良的生活方式，注意运动与改善饮食结构、适当限制热量摄入相结合的方式，才是最佳的减肥方案。用公式表达为：减肥＝适量的运动＋适当的饮食控制＋生活方式的改变。

第三，体内脂肪沉积是逐渐发生的，要消除这些脂肪同样需要一个过程，一般至少运动6周才能有明显效果。健身运动前要选择自己有兴趣并易于长期坚持下去的运动项目，也可以阶段性地变换健身运动方式。减肥贵在坚持，要做好"吃苦耐劳"的思想准备，欲速则不达；应该循序渐进，逐步增加运动负荷，不可突然加大运动量或突然中断练习。

第四，选择适合自己的健身运动项目并根据自我主观感觉控制运动量，一般每周运动需要达到5次以上，每次坚持30～60分钟。定期检查自己的身体和体重，评价锻炼的效果，不断地改进健身运动方案。如出现明显疲劳、睡眠不安或持续性肌肉酸痛，应及时调整运动方案，若身体不适严重则应停止运动。

（三）肥胖症患者健身运动项目选择

目前普遍认为大肌肉群参与的动力性、节律性的有氧运动，如医疗步行、慢跑、爬山、游泳、自行车、水中运动等，辅以有氧健身操、广场舞、太极拳及各项球类运动等，有助于维持能量平衡，长期运动可使肥胖者减轻体重且保持体重不反弹，还能提高心肺功能。肥胖者也可根据自身年龄、身体状况及兴趣爱好自由选择练习（图6-6）。

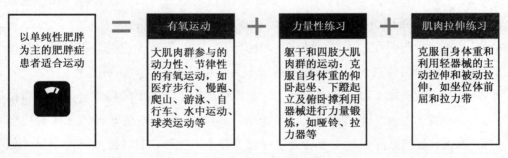

图6-6　适合肥胖症患者的运动项目

有氧运动作为减肥的主要方法，应优先考虑冲击性小、变化小、无突然转变方向、不负重的活动，如水中有氧运动、自行车等运动，这些运动既可减少关节

科学健身
——如何选择健身运动项目

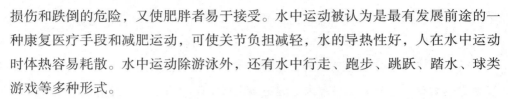

损伤和跌倒的危险，又使肥胖者易于接受。水中运动被认为是最有发展前途的一种康复医疗手段和减肥运动，可使关节负担减轻，水的导热性好，人在水中运动时体热容易耗散。水中运动除游泳外，还有水中行走、跑步、跳跃、踏水、球类游戏等多种形式。

然而，实践表明，仅单纯完成有氧运动而不进行肌肉力量练习和肌肉拉伸练习的减肥，其结果往往是体重减轻了、脂肪减少了，皮肤却松弛下垂毫无美感了。因此，有氧运动配合力量性练习和肌肉拉伸练习等的综合训练现已被认为是单纯性肥胖更理想的减肥方式，能更好地减少体脂、改善体形、增强肌力，并改善胰岛素抵抗现象，其减肥效果更加符合人们现代美的观念和意识。

力量练习主要是进行躯干和四肢大肌肉群的运动，可以利用克服自身体重采用仰卧起坐、下蹲起立及俯卧撑等方式，也可利用器具进行锻炼，如哑铃、拉力器等，身体较差者可选择健美操、广播体操等。肌肉拉伸练习则分为主动拉伸和被动拉伸，拉伸运动可以使韧带、肌肉、关节之间的配合更加柔和，减少受伤可能性。主动拉伸是依靠收缩肌肉的力量使动作保持在某一个特定的位置上，经常练习可以增加动作的柔韧性和收缩肌肉的力量。被动拉伸一般要依赖器械使肢体保持一定的伸展位置，刚开始练习时要进行缓慢的、放松性的拉伸，注意控制拉伸范围，以免受伤，在运动结束后放松时可进行各种拉伸，能帮助肥胖者进一步"雕塑"体形。另外，健身秧歌不仅能显著降低肥胖者体脂、改善腰臀比，而且能提高身体功能和身体素质，不失为一种值得推广的减肥方法。

超重者较肥胖症患者在运动项目的选择上，选择性更为广泛，不仅可以选择快走、长距离游泳这种中小强度的运动项目，也可根据个人条件选择慢速跑步、骑自行车、健美操、舞蹈和球类运动。身体素质好，年龄小的超重者可选择对抗性较强和较为快速、激烈的项目，如排球、网球、篮球和足球等。身体素质较差、超重程度高或年长的超重者应选择强度较小、速度相对较慢的球类项目，如乒乓球、高尔夫球等。

第四节 | 慢性运动系统疾病患者的健身运动

一、骨质疏松症患者的健身运动

骨质疏松症根据发病原因，可分为三大类：原发性骨质疏松症、继发性骨质疏松症和特发性骨质疏松症。原发性骨质疏松症最为常见，占总发病率的 90%，单纯由年龄的增长、体内激素的变化和器官生理功能的减退引起，它又分为Ⅰ型和Ⅱ型。Ⅰ型骨质疏松症是绝经后骨质疏松症。指女性由于绝经后，卵巢功能减退，雌性激素减少而导致的骨质疏松症。Ⅱ型骨质疏松症是老年性骨质疏松症，多见于 70 岁以上的老年人。指随年龄增加，钙摄入及吸收减少，血钙水平降低，导致骨丢失加快，引发骨质疏松症。继发性骨质疏松症是由于疾病或服用某些影响骨代谢药物等其他因素引起的骨质疏松症。包括内分泌性骨质疏松症、药物性骨质疏松症和失用性骨质疏松症。特发性骨质疏松症是一类不明原因或是特殊时期发生的骨质疏松症，主要发生于儿童、青壮年或妊娠、哺乳期的女性。骨质疏松患者的健身运动主要是针对原发性的骨质疏松患者，对于继发性和特发性的骨质疏松症也有一定的作用。

（一）骨质疏松症患者的健身运动目标

通过健身运动促进骨骼血流加快，将更多的营养物质运送至骨细胞，使成骨细胞活性提高，促进骨的形成，同时增加对钙的需求量并促进钙的吸收。通过多进行户外健身运动接受充足的阳光，增加维生素 D 含量，也能促进钙的吸收。通过克服自身重力或外加阻力的力量性运动增加骨骼的机械应力，促进骨骼的改建和重塑，从而增加骨量及密度。通过健身运动提高雌激素及睾酮的水平，促进骨蛋白质合成，增加骨基质总量，使骨盐沉积、骨质增厚、骨骺融合。

（二）骨质疏松症患者健身运动主要注意事项

第一，在进行运动前，必须向专业人士咨询，进行健康状况和运动能力的评估，并结合自身的疾病和身体机能情况等制定合适的健身运动方案。对于伴有肥胖、高血压及其他心脑血管疾病等慢性病的骨质疏松症患者，需要考虑到健身运动的一些特别要求。

第二，高冲击性的健身运动项目，如篮球、足球、网球等能预防骨质疏松症，但中老年骨质疏松症患者应减少高冲击性或冲撞性运动。

第三，在进行运动期间，需要注意饮食调整。高钙、少盐和适量的蛋白质是饮食基本原则，不要盲目相信保健食品。骨骼健康不是一朝一夕的事情，需要长期的关注，因此建立良好的饮食习惯和规律运动才是防治骨质疏松症最理想和最有效的方法。

第四，平衡能力对个体预防跌倒也有重要意义，中老年的骨质疏松症患者除了进行力量性运动外，还应进行平衡运动和柔韧运动。

第五，一般而言健身运动需要连续坚持4个月以上，才能达到治疗骨质疏松症，促进骨骼健康的目的，骨质疏松患者的健身运动不仅需要循序渐进，还要持之以恒。

（三）骨质疏松症患者健身运动项目选择

不同运动项目对骨密度的影响不同，只要运动就能促进血液循环，提高骨骼的营养供给，且运动能够调节内分泌，促进性激素分泌，维持或增加肌肉量，因此所有的运动项目理论上都能促进骨的形成。但不同运动方式对身体所产生的重力负荷不同，骨骼的机械应力也不一样。因此，足球、跑步运动员腿部骨密度高，拳击、举重、登山运动员上肢骨密度高，橄榄球运动员的腰椎骨密度高；而像游泳、水球、划船和自行车等不需克服自身重力的运动项目，对骨密度的促进作用不及跑步、跳跃类项目、爬楼或球类项目那么有效。因此，对骨骼产生冲击力的运动，如跑、跳才是促进骨量增长的最有效手段。一般来讲，时间短、速度快、力量大的运动对骨骼的促进作用要优于低负荷、时间长的重复性运动，因此，为预防骨质疏松症的发生，应选择快走、跑步、跳舞、跳绳、爬楼、篮球、足球、网球、羽毛球、曲棍球、健美操、踏板操等项目。

骨质疏松重在预防，预防骨质疏松选择的健身运动项目具有明显的年龄特点。

（1）儿童、青少年由于骨骼尚未完全骨化，四肢的骺软骨生长速度较快，骨的承压较小，易变形。因此，在运动时应避免较大负荷的负重练习，以跑、跳等速度和爆发力的项目为主，最好以游戏的形式进行，如跳跃体操、跳绳、跳皮筋、踢毽子、踢球、追逐游戏等。抗阻练习可结合体育课中的俯卧撑、引体向上等进行，通过对骨的刺激，积累骨峰值骨量，可促使成年后形成更高的骨峰值。

（2）25—50岁的中青年的骨骼生长相对平衡，骨密度处于高峰阶段，这个时期主要以维持高峰值骨量和避免骨量过多丢失为目的。主要以全身的运动为主，如跑步、登山、爬楼梯、跳绳、交谊舞、篮球、足球、网球、羽毛球、健美操、踏板操等，不要专注于某一种单一的运动项目。运动间歇结合适量的力量练习，如俯卧撑、引体向上、负重蹲起和推举哑铃等。通过力量练习促进性激素分泌，以达到长时间维持高峰值骨量，避免或减少骨量丢失的目的。

（3）50—70岁的中老年人的骨量和运动能力已经在走下坡路，这个时期需以减少骨量丢失，延缓骨质疏松症的发生，预防跌倒造成骨折为主要目的。在进行常规的有氧运动和较低强度的力量练习之外，一定要结合维持平衡及柔韧能力的运动，如太极拳等运动项目。对于骨密度值正常的人群，可以参考中青年人群的运动项目，并适当增加武术健身类项目，如太极拳、木兰拳、木兰扇、五禽戏等，提高身体平衡能力。

（4）70岁以上的老年人患骨质疏松症的风险明显增加，加之肌肉萎缩、反应较慢，非常容易跌倒，引起骨折。因此，70岁以上的老年人，若骨密度正常，可进行快走、打门球、做老年人健身操等练习，同时适当进行一些维持肌力所需的力量练习，如举哑铃或重物，将俯卧撑的支撑位移至饭桌相应高度进行抗体重的支撑练习等，每天要维持一定的体力活动量。

骨质疏松症患者适合的运动主要有有氧运动和力量性运动。有氧运动包括快走、慢跑、跳绳、广场舞、健美操、交谊舞、足球、篮球、排球、网球、羽毛球、登山、爬楼梯、门球、太极拳、木兰拳、健身气功等；力量性运动包括俯卧撑、引体向上、仰卧起坐、举哑铃、深蹲、半蹲、半蹲跳、负重转体、负重提踵、卧推、坐位举腿、投实心球等。要注意 50 岁以上的患者应减少高冲击或冲撞性项目，加强维持平衡及柔韧能力的健身运动，如太极拳等运动项目（图 6-7）。

有氧运动	力量练习
快走、慢跑、跳绳、跳皮筋、踢毽子、体操、健美操、踏板操、交谊舞、足球、篮球、排球、曲棍球、网球、羽毛球、登山、爬楼梯、门球、武术、太极拳、木兰拳、木兰扇、五禽戏	俯卧撑（或改良法）、引体向上、仰卧起坐、举哑铃、深蹲、半蹲、半蹲跳、负重转体、负重提踵、卧推、坐位举腿、投实心球

图 6-7　适合骨质疏松症患者的运动项目

二、慢性腰腿痛患者的健身运动

慢性腰腿痛是常见于中老年的一类疾病，多因劳损、急性腰扭伤、椎间盘突出、脊柱钙化、变形、脊柱骨质增生压迫神经，造成下腰部疼痛和下肢功能障碍。它是神经、肌肉、骨骼三者紊乱的一项常见表现，一般表现为症状重、痛苦大、病程长、反复多，严重影响病人的身心健康。调查发现，80%以上的成年人都有过腰痛的经历。由于慢性下腰痛治疗时间长、费用高，患者一般不能承受。其治疗效果也不明确，使"腰痛问题"已成了人们的"头痛问题"。健身运动的康复疗法则因为具有耗费低、简易可行、患者容易接受的特点，正受到患者及临床越来越多的重视。但是，有一些患者往往因惧怕运动引起疼痛，不愿过多活动腰部，长期卧床休息，这样不但不能促进恢复，还会因长期不活动导致腰背肌萎缩、肌肉无力、功能减退，甚至引起并加剧脊柱畸形，使腰痛加重，影响正常的生活和工作。因此，对于慢性腰腿疼痛患者来说，应及早进行康复功能锻炼，加强腰背肌肌肉力量，有助于减轻疼痛，防止再伤。

（一）慢性腰腿痛患者的健身运动目标

慢性下腰痛和腹背肌肌力的减弱有很大关系。由于腹背肌松弛无力、肌力不平衡，导致了脊柱稳定性下降、腰椎前凸明显、骨盆前倾过度、下腰椎受力异常，使得患者腰部出现疼痛。如不及时予以矫正，疼痛将呈持续加重趋势。因此，健身运动的目标是有针对性地选择骨盆后倾训练、脊柱韧带伸展训练和腹背肌肌力强化训练，以改善全身及腰椎局部血液循环，保证腰部肌肉和骨骼获得更多的营养和氧气；增强腹背肌肌力，协调腹背肌运动，纠正不良姿势，加强脊柱稳定性，矫正腰椎前凸、骨盆前倾等异常姿势，维持正常的腰背功能；健身运动应能缓解肌肉紧张和痉挛，松解肌肉粘连，恢复肌肉弹性，防止肌肉萎缩，减轻疼痛；且促进代偿机制形成，发挥代偿功能，提高心肺功能，防止运动不足引起的并发症；应有助于保持乐观、积极的人生态度，增强信心，提高日常生活活动能力和工作能力，提高生活质量。

（二）慢性腰腿痛患者健身运动主要注意事项

第一，需要注意的是健身运动康复主要适用于某些机械性慢性腰部疼痛，它可分为三大综合征：姿势综合征、功能不良综合征、椎间盘移位综合征等。而对于一些腰椎化脓性病变、脊柱结核、脊柱恶性肿瘤等骨骼器质性病变以及慢性下腰痛急性发作的患者来说，则不宜实施健身运动。

第二，康复运动宜尽早进行，开始越早，康复效果越好。肌肉的力量性运动和关节活动的运动要相互配合，以加速患者的功能恢复。

第三，功能性锻炼必须在医师或专业人士的监督和指导下，根据患者的具体情况有针对性地进行，以免违反关节肌肉的生理解剖特征，造成再度损伤。另外，锻炼强度的大小、时间的长短应由医师或专业人士根据各人的体力及病情个别确立，以出现轻微疼痛为限，不可出现明显疼痛。

第四，需穿着合身、舒适的运动鞋、运动服等。如鞋子不合脚、服装不合身等都可能使腰椎负担过重，甚至引起再度受伤。日常生活中要尽量避免弯腰动作，如果从地面拿起比较重的物体时，要屈膝蹲下尽量接近物体，然后用双手用力拿起，以保证在整个蹲起过程中，腰背部减少弯曲，而免受伤害。

第五，慢性腰痛急性发作时，应卧床休息，禁止运动。急性症状一旦缓解，应尽早开始运动锻炼。动静结合，对缓解疼痛、增强肌力、稳定脊柱有重要意义。

(三) 慢性腰腿痛患者健身运动项目选择

慢性腰腿痛的健身康复运动分为两个阶段。第一阶段（一般需要 3 个月）的腹背肌肌力强化训练，特别要加强腹肌肌力的动力性力量运动，以达到矫正畸形、减轻疼痛的目的；第二阶段才是功能性的健身运动，主要选择全身性的有氧运动和腹背肌的力量性运动，以增强体质，提高体力，巩固疗效为主要目的。有氧运动包括慢跑、气功、太极拳等，以动为主，动静结合。

慢性腰腿痛患者的健身运动选择主要考虑运动功能方面，以力量运动为主，结合耐力性运动、柔韧运动、平衡运动则效果更佳。力量运动一般采用强化腰背肌、伸肌肌群力量的运动，如仰卧起坐、平板支撑、俯卧撑、俯卧背伸等；耐力运动可采用走跑结合的运动、太极拳、乒乓球等强度较小的运动；柔韧运动可采用瑜伽、拉伸运动等；平衡运动主要是强化弱侧上肢、躯干与下肢的肌肉力量为主（图6-8）。

适合运动

- 力量运动：强化腰背肌、伸肌肌群力量的运动，如仰卧起坐、平板支撑、俯卧撑、俯卧背伸等
- 耐力运动：采用走跑结合的运动，太极拳、乒乓球等强度较小的运动
- 柔韧运动：可采用瑜伽、拉伸运动等
- 平衡运动：强化弱侧上肢、躯干与下肢的肌肉力量为主的运动

图 6-8　适合慢性腰腿痛患者的运动项目

第五节 | 其他慢性病患者的健身运动

一、癌症患者的健身运动

目前已公认体力活动和运动能增强癌症患者的心肺功能、减轻疲劳和提高生活质量。但由于肿瘤的种类繁多，不可能有适合所有肿瘤的详细健身运动方案。癌症患者做健身运动前，要先进行评估，划分能进行运动的等级，特别是某些肿瘤患者，如肺癌、多发性骨髓瘤、头颈部肿瘤，要在运动前进行心电图检查、心肺功能测试，对骨髓瘤还要进行骨密度扫描，从而降低运动风险。

（一）癌症患者的健身运动目标

癌症患者的健身康复运动主要是针对患者术后的康复和带癌患者身体机能的恢复和保持。因此，癌症患者的健身运动目标也分为两方面，一方面是：促进术后的功能恢复，恢复生活自理能力；有助于改善食欲和睡眠，改善心理状态，提高身体机能以及提高生活质量。另一方面是：运动增强心肺功能，提高肌肉用氧能力，改善肌肉能量代谢，缓解肌肉萎缩与骨质流失，改善癌因性疲乏等；缓解其他癌症相关症状，如抑郁、焦虑、睡眠紊乱、恶心等，提高患者生活质量。

（二）癌症患者健身运动主要注意事项

第一，运动前必须进行严格的体格检查。有条件的要进行运动负荷试验，评定运动机能，以更好地控制运动强度，保证运动安全性和有效性。

第二，癌症患者经过手术、放化疗后人体极度虚弱的情况下若开始健身运动，不能过度疲劳是最重要的，所以应该避免激烈的体育运动，选择合适的项目，确定恰当的强度和运动持续时间。一般来说，运动到自我感觉舒服时就可以结束，不可因感觉良好而贪多，导致疲倦。如果出现体温过高、病情复发或某些部位有出血倾向时，应停止运动，以免发生意外。

第三，健身康复运动是一个循序渐进的身体功能能力恢复计划，个体的差异很大，因而需要因人而异，制订个人的健身运动方案。

第四，骨是很多恶性肿瘤转移的常见部位，为了减少骨折的危险，尽量避免高撞击性运动以及与身体接触的运动项目。骨髓移植和白细胞计数低于正常的患者，避免在微生物感染危险性高的公共区域运动。

（三）癌症患者健身运动项目的选择

目前癌症患者的运动项目的选择上没有特别的要求与建议，主要是依据自身的运动基础和身体能力水平，以提高或保持人体的运动功能为主要目的。在运动项目的选择上以耐力性运动为主，配合力量性运动和柔韧性运动。运动可以选择单人运动，如步行、慢跑、爬楼梯等，条件能力允许尽量选择多人或集体运动项目，如乒乓球、网球、羽毛球、篮球、排球等球类运动，以及广场舞、跑团等有组织的项目（图6-9）。

 适合运动

- 以耐力性运动为主，配合力量性运动和柔韧性运动
- 单人运动：如步行、慢跑、爬楼梯等
- 多人或集体运动项目：如乒乓球、网球、羽毛球、篮球、排球等球类运动，广场舞、跑团等有组织的项目

图6-9　适合癌症患者的运动项目

1. 适合所有术后癌症患者的运动项目

（1）散步、康复体操等。散步适合于除卧床之外的各种肿瘤患者，因运动量小而且简便易行，尤其适合于手术后初期，放化疗期间及体弱年老患者进行。每日步行30分钟左右，坚持下去，必有好处。康复体操也是一种有益的运动项目。

（2）传统养生法。太极拳、养生功等是癌症患者康复期首选的健身好方法之一，因为它柔和、轻灵、力量适中，而且能改善人体机能状态，提高免疫机能和防御能力，促进病残机体的康复。按照每日有规律的运动方式，有意识地"意动身随""意到劲到""以意导气"，慢慢调整人体生理功能，增强体质，提高抗病能力。

2. 不同类型的术后肿瘤患者选择不同的运动方式

（1）呼吸系统肿瘤（肺癌）患者的运动。可通过吹气球和腹式呼吸来恢复和增强肺功能，如腹式呼吸加康复体操训练等运动可显著减少胸部恶性肿瘤的术后并发症，改善心肺功能。

（2）运动系统肿瘤（骨癌等）患者的运动。这类患者往往因病情做过截肢手术，术后运动以恢复运动功能为目的，可多练习单手料理生活等，以健侧肢体来补偿患侧功能。

（3）消化系统肿瘤（胃癌、肠癌、肝癌等）患者的运动。应以适应新的生活习惯为目的，可通过适量运动改善消化功能。

（4）乳腺癌患者的运动。在术后更应早期进行肢体功能运动，尽快恢复患侧肢体的关节、肌肉功能，解除术后患肢的关节活动受限、肌肉萎缩、疤痕挛缩和水肿引起的功能障碍，可逐渐由手指和手腕屈伸、推拳运动过渡到坐位肘关节屈伸、患侧上肢伸直、抬高、内收、屈曲等。

3. 癌症患者的运动项目

（1）中低强度的有氧运动，可在患者病情和运动能力的基础上，结合患者的兴趣爱好，如散步、跑步、自行车、游泳等都是不错的有氧运动。

（2）传统养生法，如太极拳、养生功等。

二、抑郁症患者的健身运动

抑郁症是一种疾病，而不是人的缺点或性格缺陷，通过自我心理调节、心理治疗及适当的抗抑郁药物治疗，抑郁症大多能康复，抑郁症常见的表现是以情绪低落为主要特征，闷闷不乐或悲痛欲绝，持续至少两个星期。抑郁症是一种常见的心理疾病，是精神科自杀率最高的疾病。抑郁症临床症状典型的表现除了情感低落、思维迟缓、意志活动减退，还会出现头痛、头昏、腹胀、心悸、身体疼痛等躯体症状，甚至出现自残的行为，除了药物疗法，安全、有效、简单易行的运动疗法非常适合选用，运动可以帮助人们减轻压力，放松心情，减轻抑郁情绪，使人精力充沛。在选择运动的时候，要选择可以让人集中精力的运动，不再去想生活中的种种烦心事，排除杂念。

（一）抑郁症患者的健身运动目标

预防控制抑郁症变得越来越重要，除了药物治疗之外，健身运动便是成本最低、效果最好的治疗方式。健身运动的目标是：

（1）通过健身运动分泌的多巴胺使患者心情愉快，从而逐步改变患者的认知，不再专注于自身的不良感觉，适当减弱抑郁的感觉。

（2）通过健身运动，加快人体的新陈代谢，促进人体疲劳的恢复，减轻疲乏感。

（3）通过健身运动，发现自己的能力没有丧失，甚至发现自己其他的潜能，找回自信。

（4）通过健身运动，促使患者思考做什么、怎么做等问题，帮助恢复对生活的控制能力。

（5）养成健身运动的习惯，并在健身运动中促进体态的改善，身体功能能力的提升。

（二）抑郁症患者健身运动主要注意事项

第一，需要精神类药物治疗的身体健康的抑郁症患者，可以在密切的医学监护下逐渐递增运动量，以保证安全地运动。

第二，循序渐进。特别是对从来没有运动习惯的患者而言，不能一下子就接受较大的运动量，这只会打击士气甚至使肌肉受伤，因此刚开始要建立适合自己的运动目标，从建立运动意识和自信心开始。

第三，采用患者喜欢且可以接受的健身运动项目和运动方式，健身运动的项目有很多，选择患者喜欢的项目有利于坚持，也会防止运动中一些负面情绪的产生。在方式上最好找个健身伙伴，如约个朋友或同事一起去慢跑，或者打乒乓球等，这样通过运动，增加与人交流的机会，一方面可以转移注意力，另一方面可以通过互助和鼓励促使患者坚持锻炼下去。

第四，要养成锻炼身体的习惯，除了有健身运动计划外，在日常生活中多活动，如不乘电梯而改爬楼梯、把车停远一点走多一段路程、少看电视等。也可通过家务劳动，增加日常活动的机会。

（三）抑郁症患者的健身运动项目选择

抑郁症患者的健身运动项目选择与其身体健康状况有关，对于身体健康者则在运动选择项目上没有特别的要求，目前的观点认为各类有氧运动在治疗患者方面具有明显的优势。而对于伴随各类其他慢性病的患者，则要根据患病的种类和具体情况有针对性地开展健身运动（图6-10）。

图6-10　适合抑郁症患者的运动项目

主要参考书目

[1] 陆阿明，朱小龙．科学健身运动指南［M］．苏州：苏州大学出版社，2008．

[2] 陈文鹤．健身运动处方［M］．北京：高等教育出版社，2014．

[3] 陈琦，麦全安．体质健康评价与运动处方［M］．北京：高等教育出版社，2015．

[4] 国家体育总局．运动健身指南［M］．北京：人民体育出版社，2011．

[5] 陆阿明．国民体质监测与健身运动分类指导［M］．苏州：苏州大学出版社，2018．

[6] 闫万军，吴云，卫怀恩，等．慢性病的运动康复指南［M］．延吉：延边大学出版社，2012．

[7] 杨霞．健身锻炼方法与评定［M］．桂林：广西师范大学出版社，2005．

[8] 黄玉山．运动处方理论与应用［M］．桂林：广西师范大学出版社，2008．

[9] 王润平．体育锻炼与心理健康［M］．2版．桂林：广西师范大学出版社，2005．

[10] 王健，何玉秀．健康体适能［M］．北京：人民体育出版社，2008．

[11] 李洁，陈仁伟．人体运动能力检测与评定［M］．北京：人民体育出版社，2005．

[12] 钱竞光，德斯汀，励建安，等．常见病运动处方［M］．南京：南京师范大学出版社，2008．

[13] 乔纳斯，菲利普斯．运动保健处方［M］．黄力平，译．北京：人民军医出版社，2013．